瑞典"福利国家"的实践与理论
——"瑞典病"研究

黄范章 著

图书在版编目(CIP)数据

瑞典"福利国家"的实践与理论："瑞典病"研究／黄范章著.—北京：商务印书馆，2016
ISBN 978-7-100-12065-4

Ⅰ.①瑞… Ⅱ.①黄… Ⅲ.①福利政策—研究—瑞典 Ⅳ.①D532.7

中国版本图书馆CIP数据核字(2016)第048768号

所有权利保留。
未经许可，不得以任何方式使用。

瑞典"福利国家"的实践与理论
——"瑞典病"研究
黄范章 著

商 务 印 书 馆 出 版
(北京王府井大街36号 邮政编码100710)
商 务 印 书 馆 发 行
北京市艺辉印刷有限公司印刷
ISBN 978 - 7 - 100 - 12065 - 4

2016年5月第1版	开本 880×1230 1/32
2016年5月北京第1次印刷	印张 7⅝

定价：22.00元

再 版 序 言

瑞典对于大多数国人来说,显得既陌生又熟悉。说瑞典陌生,其实不然。早在20世纪初叶,以"保皇"和"变法"而蜚声四宇的康有为先生就曾流亡到瑞典。1904年,康有为在斯德哥尔摩买下了一座岛,并在岛上建起中式园林,取名"北海草堂",直到1907年,他才依依不舍地离开。在此期间,康先生走访了瑞典不少城乡,参观了监狱和贫民窟,闲暇时到歌剧院、皇宫和公园走走。遗憾的是,作为被记载是20世纪初第三个到瑞典的华人,尽管有着四年多的瑞典旅居生活,康先生却没有留下关于瑞典经济及社会的文字记录以示国人,个中情由也许是"醉翁之意不在酒"吧。说瑞典熟悉,其实也未必。从20世纪初一直到20世纪80年代初期,中国经历了辛亥革命、军阀混战、抗日战争、解放战争、朝鲜战争、"文革"浩劫、冷战对峙……国人必然无暇顾及他国的经济与社会发展模式,更何况像瑞典这样一个蕞尔小国,所以对瑞典的关注和研究也只是改革开放之后的事情。改革开放之后,中国人才真正开始放眼看世界,尤其是冲破了市场经济与社会主义水火不能相容之思想桎梏,开始从经济发展模式和社会福利制度的视角去认识政治体制。瑞典虽然是发达资本主义国家,然而却是带有"社会主义特点"的资本主义国家,因此自然成为中国学习和研究的一个典范。然而,尽管今天国人对瑞典的经济及社会制度已有所了解,但恐怕只是停留在宜家家居、沃尔沃汽车等由经济全球化所带来的认识的水平之上,因此我们依然有必要深入研究和剖析这个号称福利国家"橱窗"的北欧国家。

黄范章老先生是对瑞典经济及福利制度进行系统研究的第一人,早在1982年他就远赴瑞典,除了与一些科研院所进行学术交流外,他将大部分时间用于实地考察瑞典福利国家制度的实施以及瑞典经济学的现状。为了真切体会瑞典的医疗保险和保健制度,黄老先生曾亲身体验了一下从挂号到住院的全过程,也曾多次访问养老院,与老人们交谈,以了解老年人保障等问题。这些切身体会加深了他对"福利国家"的认识,也使他掌握了很多一手资料,这一切都可以看出黄老先生对待学术的严谨态度。此后几年,黄老先生孜孜不倦地对瑞典经济及福利制度进行了细致深入的研究,并同很多瑞典经济学家展开了深入的交流,直到1985年,黄老先生的大作《瑞典"福利国家"的实践与理论》一书才得以成稿。从一开始着手对瑞典进行考察和交流,到这本大作的最终问世,足足融入了黄老先生三年多的心血及汗水,也足以看出老一辈经济学家治学的严谨态度和风范。弹指一挥间,30个春秋逝去,但是这本大作依然展示出极强的生命力,被广大学界同人视为研究瑞典福利制度的圭臬,并被要求再版。这种"梅开二度"的源泉在于黄老先生对瑞典经济、政治及福利制度的深刻认识,以及对福利国家潜在危机的远见卓识。果不其然,正如老先生所预见的,瑞典真的于20世纪90年代初发生了经济金融危机,并且这种"瑞典病"在21世纪的欧洲国家也暴露无遗。因此,如今我们依然可以从黄老先生《瑞典"福利国家"的实践与理论》一书中去探究高福利国家之内在运行机制,并挖掘这种高福利"狂欢"难以掩饰的潜在危机。在此,让我们带着强烈的求知欲去探究瑞典的经济及福利模式。

瑞典位于北欧斯堪的纳维亚半岛的东南部,虽偏于一隅,但它却是世界上最富裕的国家之一,2013年瑞典人均GDP为57,909美元,排名世界第七。瑞典工业发达且门类繁多,传统重工业地位突出。在保留传统特色的同时,瑞典大力发展信息、通信、生物、医药、环保等新兴产业,2014年瑞典已拥有自己的航空业、核工业、汽车制造业、先进的军事工业,以及全球领先的电信业和医药研究能力,在软件开发、微电子、远程通信和光子领域,瑞典也居世界领先地位。从GDP总量来看瑞典并不是传统意义上的大国,它之所以能吸引全球的目光是因为其以高福利国家的"橱窗"而著称。2013年瑞典的世界幸福指数排名为第五,而所谓的世界大国则被其远远抛于身后,而支撑这些荣耀的即是瑞典的福利制度。

但是,在这本书问世的30年中,瑞典的经济发展,尤其是福利制度发生了一些深刻的结构性变化。瑞典的福利制度建设始于20世纪初期,直到20世纪70年代以前这段较长的时期内,瑞典福利制度的发展主要是以扩充和完善为主,并在不断的调整中逐渐走向成熟、定型。然而在进入20世纪70年代以后,瑞典经济增速明显放缓,1977年甚至出现了二战以来的首次负增长,1981年经济再次负增长,并且在20世纪70年代末和80年代初的一段时期内,其经济增长明显落后于其他OECD成员国平均水平,失业增加,财政状况恶化(财政赤字在1980年高达GNP的12%),随之而来的是通货膨胀进一步加剧。整个20世纪70年代,瑞典经济各年通胀率都在6%之上,其中,1977年、1978年、1980年和1981年通胀率均超过了两位数,分别为11.4%、10%、13.7%和12.1%,瑞典经济明显陷入"滞胀"的困境中,瑞典模式的弊端显露无遗,也意味着其高福利制度已经成为经济发展的制约因素。为了实现财政收支平衡,政府只好增加税收或发行国债。增税使得瑞典成为主要欧洲国家中税率最高的国家之一，其税收收入占GDP的比重一直在50%以上。高税收严重挫伤了劳动者工作和企业投资的积极性，私企大量向境外转移，导致大量资金外流，而发行国债又使政府背负上沉重的利息负担。庞大的社会福利支出还造成了全社会的过度消费，严重削弱了社会资本形成的能力，生产与投资相对萎缩。由于劳动力成本上升过快影响了其产品的国际竞争力，导致贸易逆差连续出现。高福利和高税收不仅制约了瑞典社会经济的发展，也使得其生产率的增长明显下降。在1973—1981年间，瑞典的生产率仅增长了16%（而同期欧共体平均增长了30%），人均收入也呈现出下降趋势。一时间，在20世纪60年代还被人们称颂的"瑞典模式"急转直下，成为被世界所诟病的"瑞典病"。在此背景之下，长期支持高福利模式并自1932年以来长期执政的社民党在1976年的大选中落败，虽1982年重新执政，但又在1991年再次失去执政地位。政治环境的变化使得传统劳资协商制度开始动摇，罢工次数增多，社会保障问题更显紧迫。最后，随着社会经济问题的出现，瑞典民众对社会保障制度的态度也发生了变化，如在1968—1979年间，反对提高社会保障与社会福利水平者的比例从42%增长到67%，赞成提高社会保障与社会福利水平者的比例从51%下降到27%，民众对社会保障改革的呼声日渐高涨。正是在上述社会经济与政治背景下，瑞典于20世纪80年代初正式启动了福利制度改革。

在20世纪80—90年代初瑞典经济危机爆发期间，瑞典针对经济和福利政策的主要改革措施有：第一，适度收紧福利支出。政府通过下调待遇替代率、提高待遇领取资格、增加个人缴费和增加等候时间等措施，使不断增长的社会支出势头得以遏制，社会保障水平的增长趋势开始放缓。1980—1993年间，瑞典社会保障支出的增长幅度为主要西欧国家中最低。第二，强化地方政府的责任。1983年，瑞典政府颁布了《保健法》,要求各市政府承担规范所有保健服务的主要责任。此后,瑞典政府取消了社会公共服务部门的中央集中管理,只负责向地方政府提供财政资助,而将资金的具体使用权和社会福利方面的责任完全交给地方政府。例如,1990年,政府提出改革老年人和残疾人关怀与服务制度的法案,要求地方政府承担各种有关老年人和残疾人长期性健康关怀和社会服务的责任。法案于1992年实施后产生了一定效果。1993年,接受老年病治疗的人数下降了60%,与老年病相关的病床数减少了13%,地方政府用于老年保健服务方面的支出减少了4.35亿瑞典克朗。受到这一效果的鼓励,瑞典政府又提出对社会救助和社会服务实行综合性财政资助,资金的使用由地方政府根据各地实际情况自行决定。第三,在养老金、健康和医疗保险、老年服务等领域引入竞争机制。1992年老年服务私营化法令颁布的当年,瑞典增加了270个私营老年护理机构,占瑞典当年老年护理机构的1/3,71个地方政府和6个市政府就老年和儿童照顾与私营社会福利机构签订了协议。1980—1987年间,瑞典接受公共性老年机构帮助的65岁以上老人占养老金领取者的比例从26%降到20%,居住在"老人之家"的65岁以上人数占养老金领取者的比例从41%降到28%。1985—1991年间,居住在"老人之家"的人数下降了30%,长期居住在"老人之家"的人数下降了13%。竞争机制的引入和私营化的发展完善了瑞典的福利制度结构,也提高了制度实施效率。但即使如此,私营化并没有成为后来瑞典福利制度改革的方向和重点。

20世纪90年代初期瑞典经济危机的爆发对瑞典的高福利模式产生了极其深远的影响,并进一步加速了瑞典经济和福利制度的改革。1990—1993年间的瑞典经济危机是自1930年以来最痛苦的时期。从1991年至1993年,瑞典经济增长率连续三年负增长,GDP

下降了5%,失业率增加了6.5个百分点,达到8%。国民经济直到1994年才开始恢复增长,1995年才回到1990年的水平。这一期间瑞典所实施的改革包括:首先,进一步紧缩财政。在20世纪80年代的财政紧缩短暂奏效后,由于经济危机的爆发,瑞典于1991年又一次开始进入财政赤字周期,1993年赤字达到顶峰,直到1998年财政收支才基本恢复平衡。1994年重新执政的社民党政府提出了一个为期四年的加强公共部门财政的具体节俭计划,1996年实施了一种叫作"支出限制"模式("spending limit"modle)的新的预算程序等。

其次,在紧缩财政支出的同时,瑞典政府对社会保障制度和养老保险制度也进行了一系列改革。其中非常重要的一项为改革社会保障缴纳模式,社会保障基金的来源由之前的几乎全部由国家财政补贴和雇主缴纳改为主要由个人缴纳。这项改革一方面减轻了政府的财政负担,另一方面也强化了个人责任。另一项为对养老金制度进行的改革,在瑞典的社会保障中,养老金支出最为庞大,各种养老金支出一直占50%左右。1998年8月,瑞典将原来现收现付型的养老金筹资模式调整为现收现付型与部分积累型相结合的养老金筹资模式,增加个人账户,并引入名义账户和积累制账户。改革后,瑞典公共养老金体系分为三个层次:第一层次是"保障养老金"(guaranteed pension),为家计调查型的最低养老金待遇,主要提供给低收入群体,靠一般税收融资;第二层次是名义账户养老金,称为"收入养老金"(income pension);第三层次为实账积累制养老金,称为"费用养老金"(premium pension)。名义账户养老金和积累制养老金都为收入关联的DC型计划,建立在个人账户基础之上,雇员和雇主的合计缴费为工资的18.5%,其中16%进入名义账户,2.5%进入积累制账户。名义账户部分的缴费资金由四个缓冲基金管理,每支基金接收全部缴费的1/4,并承担1/4的养老金待遇支付。积累制账户分配的缴费率为2.5%，这部分缴费资金由积累制"养老金管理局"(简称PPM)管理，成员自己选择投资基金，由PPM转移给市场上竞争的基金管理公司进行投资运营。此次养老金改革，对政府财政支出、经济增长以及代际之间的收入分配都产生了重大影响。新养老金制度推出后，瑞典政府又相继对新制度体系采取了一系列调整和完善措施：2000年，新的缓冲基金法放宽了缓冲基金的投资范围；2001年，政府引入财务自动平衡机制，为制度的财政可持续性奠定了基础；2002年运行的收入指数化政策使年金待遇给付机制更加合理。

此外，20世纪90年代的改革也包括了税收改革和劳动力市场改革。1993年设立了新的个人社会保险税，到1998年该项税收已占国民收入的6.95%。同时，国家收入税和财产税都不同程度增加。由此可见，瑞典财政收入在20世纪90年代后半期的增加也基于经济周期的上升和政府税收的增加。在20世纪90年代初期的危机中，瑞典的失业率飞速上升，这使政府认识到改革劳动力市场对整个福利改革的重要性，于是开始实施积极的劳动市场政策。这项政策不仅旨在减少失业，也具有潜在的再分配效应。因为一方面，积极的劳动市场政策为低技能劳动力提供了免费或极低费用的职业培训，相当于无形中将社会资源转移给他们，以增加他们重新进入正常劳动力市场的能力；另一方面，积极的劳动市场政策还可能以"补贴就业"的形式出现，更加直接体现其社会再分配效应。这项政策虽然在短期内效果不明显，然而却在长期中大获成功，它对于稳定社会经济和巩固劳动力市场产生了巨大作用。

进入21世纪后，受到欧洲主权债务危机的影响，瑞典将福利改革的重点集中在降低社会保障费率和继续推进积极的劳动力政策方面。2009年1月起，政府把雇主的社会保障缴费率从32.42%降低1个百分点至31.42%(当年合计减负120亿瑞典克朗)；对自我雇用者的缴费率降低5个百分点;将26岁以下年轻人的社会保障费率再降低50%至15.49%,以鼓励企业雇佣年轻人;对一年以上长期失业者和福利企业的补助则增加一倍。这些措施,在一定程度上有效地减少了失业。2010年,联合政府连续执政后,一如既往地推进积极的劳动力政策,鼓励年轻人尽快结束学业早日进入劳动力市场。这些得力的措施缓解了危机对瑞典的冲击,稳定了社会成员的收入和信心,由此产生的良好经济表现成为欧洲各国趋之若鹜的榜样。

虽然历经数次调整和改革,瑞典福利制度的基本框架与模式特征并没有发生大的改变,依旧为国民提供着"从摇篮到坟墓"的全面、系统的生活保障,这表明瑞典近30年的改革是相当成功的。总结来看,第一,财政整固措施做到了有的放矢。除了紧缩一些不必要的开支外,最重要的是改变了以往的社保基金缴纳模式和占公共支出近50%左右的养老金筹资模式,引入了竞争机制,并实现了个人、雇主和政府共同承担福利融资责任,弥补了原有福利制度的缺陷,减少了福利浪费,并有效降低了财政支出。第二,优化完善了税负结构,对个人和企业税率进行了适当的调整,激发了个人参与劳动的热情和责任心,也激发了企业投资的积极性。第三,加大了对研发和公共教育的投入。20世纪90年代中期至今,瑞典的研发投入占GDP的比重为3.6%左右,大大超过了发达国家的平均水平,公共教育开支占GDP的比重保持在7%左右,也大大超出发达国家平均水平。这两方面的高支出使得瑞典保持了较强的创新能力和大量高素质的人才,确保了经济增长的内生动力。第四,在调整失业救济制度的同时改革劳动力市场,从以往单纯地给予失业救济金,改变为严格领取资格,减少待遇支付,增加资格等待期,强制参加培训,鼓励工作福利和为积极就业提供政策支持等,有效地降低了失业并提高了参与劳动的积极性。

这些改革措施使瑞典经济保持了良好的发展态势,使得高税收和高福利的制度非但未成为累赘,反而在一定程度上培育了高素质的劳动力和创新氛围。统计显示,瑞典的公共开支占比已由1994年的34.4%降到了2011年的27.6%;而且失业率维持在相对较低的水平上,从20世纪90年代的历史最高9.9%降到了2012年的7.9%。在21世纪初的欧洲主权债务危机中,瑞典不但没有因高福利造成主权债务高筑,而且还因其良好的经济表现而成为欧洲国家引以为傲的模式和发展方向。

虽然瑞典经过30年的改革既成功地走出了高福利"陷阱",又保持了市场经济的活力和经济的竞争力,但这种成功并不能为其他国家所轻而易举地复制。因为高福利模式有其内在的弊端,黄老先生从两方面对此进行了清晰透彻的分析:第一个方面是高福利必然导致巨额公共开支和沉重的税务负担;第二个方面是一个深层次的疑问,即如此之高的公共支出以及税负是否可以持续,以及这种模式将会对一国的经济发展产生什么样的深远影响。对此,黄老先生在书中也给予了深入解答。一是庞大的财政赤字,二是加剧了通货膨胀,三是生产率的增长率下降,四是经济竞争力减弱。这些判断与瑞典著名经济学家林德贝克(Lindbeck)的观点不谋而合。1994年林德贝克在其主持编写的《瑞典的转向》一书中提出推动福利改革的113条建议,被认为是学术界支持瑞典福利改革的宣言。他认为,瑞典20世纪90年代初的经济危机的根源是福利国家与市场经济运行的矛盾,高福利的逆激励效应直接作用于劳动者的劳动、消费者的储蓄和投资者的投资。而这三者恰恰是市场经济保持活力、经济不断增长的基本动力。此后,一些经济学家从各种角度进一步阐述了高福利对经济的负面作用。高福利的确降低了消费者的储蓄和投资动机。良好的社会保障体系减轻了公民失业、退休后经济生活水平下降的风险,于是储蓄的预防性功能降低了。同时,完善的福利制度往往以高额的政府税收来支撑,这将导致可支配收入下降,储蓄动机和潜力进一步下降。此外,高福利对劳动积极性也存在一定的冲击,一些劳动福利制度被认为直接"鼓励"劳动者去享受社会福利,从而导致逆向劳动激励效应。

不幸的是,高福利模式导致的危机在21世纪再次爆发,近年来发生的欧债危机就是最好的佐证。

欧债危机发端于"欧猪五国"。除了欧元体制的固有缺陷外,欧式社会的高福利模式也"功不可没"。二战后,欧洲国家普遍建立起了以高福利为特征的社会保障制度,以维持社会的公平公正。随着欧洲一体化的推进。这种高福利制度也很快覆盖了共同体中经济水平相对落后的西班牙、葡萄牙、希腊和爱尔兰等国,其中希腊最为典型。希腊作为南欧国家,没有在经济发展水平上赶超其他国家,反倒在欧盟成员国福利政策的带动下,逐步建立了从摇篮到坟墓的高福利社会保障制度,而这种与经济发展水平不相称的高福利制度加剧了希腊政府的债务负担。高福利支出刚性,使得历届政府为讨好选民,盲目为选民增加福利,导致财政赤字不断扩大,公共债务激增,最终引发了欧洲整体的债务危机。因此,这次危机再次证明了高福利"鸦片"必然造就危机。

在此,我们不得不叹服黄老先生《瑞典"福利国家"的实践与理论》一书强大的生命力,它不仅预测了高福利国家必然出现危机,而且其对高福利模式系统的研究即使在30年后的今天依然具有很强的指导意义。

谈到此,我们必然会产生一个疑问,政府为什么要实施高福利制度,实施这一制度背后有什么思想和理论的支持,值得欣慰的是黄老先生的书中也给出了答案,即瑞典学派,尤其是20世纪五六十年代瑞典经济学家关于"福利国家"政策的讨论,为瑞典奠定福利国家制度提供了理论基础。关于福利经济学的最早的系统性论述当属英国经济学家庇古。在庇古之后,特别是两次世界大战的爆发使得资本主义制度的弊端暴露无遗,为了缓和资本主义国家的内部矛盾,形形色色的福利国家论者开始各显神通——从后凯恩斯经济学到新福利经济学,从制度学派到瑞典学派,从民主社会主义到混合经济论。尽管各树一帜,别出心裁,但他们都在不同程度上主张推行改良主义经济政策,通过各种社会保险和福利补贴,实现"收入均等化"和"充分就业",消除社会贫困和经济波动,使资本主义制度持续稳定地发展下去。关于这些福利经济学的知识,书中有系统的概括和论述,可为广大学者研究福利国家制度提供坚实的理论指导。

最后,对面临着跨越"中等收入陷阱",让市场经济发挥决定性作用,促进中产阶级发展,建立适应本国经济发展水平的社会保障制度等一系列任务的中国而言,瑞典社会保障制度的经验和教训具有很好的借鉴意义。以人为镜才会少犯错误,少走弯路。

徐　忠

2016 年 2 月于北京

序　言

　　从 19 世纪末到 20 世纪初,德国"讲坛社会主义者"和英国"费边社会主义者"都鼓吹社会改良主义,主张由国家来兴办各种社会福利事业。到战后初期(1948 年),以艾德礼为首相的英国工党政府曾宣称英国已建成"福利国家",其他发达资本主义国家也相继效尤,纷纷以福利国家相标榜。这是现代资本主义发展中的新情况、新问题,值得经济理论工作者来具体分析和深入探索,它对全面了解世界经济动态、掌握时代脉搏是有现实意义的。

　　从历史上看,社会改良主义和福利经济学在西方世界的产生,绝不是偶然的。从 19 世纪 70 年代起,资本主义开始从自由竞争阶段向垄断阶段过渡:一方面,垄断资本的势力不断扩张,力求维护和巩固资产阶级的统治;另一方面,工人阶级作为一支独立的政治力量登上了历史舞台以后,不仅已经争取到选举权和工会的合法地位,并且形成了不可压服的社会力量。拿 19 世纪末的英国来说,阶级斗争的形势已发展到相当尖锐的程度,这对于垄断资本集团当然是一个很大的威胁。在"费边社"理论家西·韦布夫妇合著的《资本主义文明的衰亡》(1923 年)一书中,也曾有所揭露。经过了 19 世纪末、20 世纪初的那段"和平"繁荣时期,英国工人阶级的经济生活,若与其他国家的劳苦群众相比,显然已有某种程度的改善。在这种情况下,为了缓和阶级矛盾、稳定资产阶级的政治统治,以庇古为代表的《福利经济学》(1920年)应运而生。作者自称该书的目的在于研究"现代社会实际生活中影响经济福利的重要因素",实际则是主张通过国家对经济生活的某些"干预",采取各种社会改良政策,把垄断资本主义美化为"超阶级"的福利国家。

在庇古之后,特别是经历了20世纪30年代席卷西方世界的经济大风暴和第二次世界大战,资本主义制度所固有的各种矛盾暴露无遗,为了"挽狂澜于既倒",形形色色的福利国家论者就各显神通了。从后凯恩斯经济学到新福利经济学,从制度学派到瑞典学派,从民主社会主义到混合经济论,尽管各树一帜,别出心裁,但他们在不同程度上,都主张加强国家垄断资本主义的措施,推行改良主义经济政策,通过各种社会保险和福利补贴,实现"收入均等化"和"充分就业",消除资本主义社会的贫困和经济"波动",使它得以持续、稳定地发展下去。

所以,所谓福利国家,是现代资本主义条件下阶级矛盾趋于激化、战后国家垄断资本主义进一步发展的产物。从本质上看,当代资产阶级各派经济学家所宣扬的种种有关福利国家的理论,都是为了通过推行"三高"(高福利、高消费、高工资)政策,掩盖资产阶级专政的根本性质,竭力缓和趋于激化的阶级矛盾,为垄断资本实现最大限度利润和巩固资产阶级统治效劳。

当然,西方福利国家制度在战后的最终形成和迅速发展,绝不是出自各国金融寡头的"慈心"或"恩赐",而是迫于当代世界阶级斗争和革命的形势。很明显,战后时期,在欧、亚一些国家取得社会主义革命胜利的鼓舞下,各发达资本主义国家的工人阶级和劳动群众也开展了争取扩大民主、改善生活待遇的政治斗争和经济斗争,阶级矛盾进一步趋于尖锐。垄断资产阶级害怕"星火燎原",迅即求助于扩大社会福利措施,来转移视线,以期平息此起彼伏的群众斗争浪潮。这就提示我们:广大工人阶级和劳动人民所赢得的各种福利待遇,跟他们自身的团结合作、坚持斗争是分不开的,也可说是各国工人阶级长期斗争、国内阶级力量对比发展到一定条件下的产物。

  还应该看到,战后的科学技术革命在推动社会生产力迅猛发展的同时,也对垄断资本主义的生产关系产生多方面的影响。特别在20世纪50年代和60年代,各个发达资本主义国家劳动生产率的空前提高,使垄断资产阶级的相对剩余价值不断增加,同时也为进一步推行具有社会规模的福利制度提供了物质基础。此外,战后跨国公司畸形发展,属于这些母公司的子公司遍及资本主义世界,海外利润率大大超过国内的平均利润率。垄断资产阶级在获得巨量超额利润和垄断利润以后,就有可能多办一些社会福利事业,来局部地"调整"本国劳资关系,缓和社会矛盾,稳定和巩固金融寡头的统治。

  然而,"好景不长",到了70年代初期,随着西方世界陷入"滞胀"的困境,在公共开支猛增、财政赤字庞大、通货膨胀日剧、资本投资疲软、技术更新缓慢、竞争能力削弱的情况下,福利国家制度也走到了反面,处于进退维谷的境地。80年代以来,垄断资产阶级的代表人物纷纷提出要对福利主义进行"重新估计",并且大造舆论,主张大幅度削减社会福利开支,准备向劳动人民经过长期斗争得来的果实开刀。有人硬把西方经济的"滞胀"归咎于推行以"充分就业"为中心的"经济稳定化"政策,甚至归罪于整个社会福利制度,说什么它使"穷人养成依赖性和惰性",使投资者却步,从而造成了经济发展的停滞。这当然是欺世之谈。因为,"滞胀"的根本原因,仍在于资本主义制度的本身,在于它是现代资本主义基本矛盾不断积累和发展的必然产物,是西方国家长期推行"反危机"政策的直接后果。近年来,从美国里根政府到欧洲的英国、联邦德国、荷兰、挪威乃至被称为福利国家

"橱窗"的瑞典，都借口财政负担过重，提出了削减社会福利开支的方案，这就充分揭示了垄断资产阶级推行社会福利政策的欺骗性和伪善本质，也是对蛊惑人心的福利国家论者一个绝妙的自我讽刺。

通过上述简单的历史回顾，我们不难认清福利国家制度产生的时代背景及其实质。毫无疑问，这也是一个颇为复杂的社会经济现象。我们对一些带有根本性的重大理论问题，不宜轻率地骤然得出结论。实践是检验真理的唯一标准，有些新情况、新现象，尚有待于进一步调查研究和深入剖析。过去，我们长期在"左"的路线和思想影响下，理论界一提到社会改良主义以及社会民主党或工党的政策主张，都被不分青红皂白地"一棍子打死"，以示立场的"坚定"。对西方世界的各种社会福利设施，也不做具体分析，全盘予以否定，仅仅归结为"羊毛出在羊身上"这一句话。正如不能像"文革"时期那样把"清官"看成比"贪官"还要"反动"一样，现在，我们既不能把法西斯主义、军国主义同社会改良主义、民主社会主义简单地画等号，也不能说一个扩大公共福利的政府比一个大砍社会福利费用的政府更加保守和落后。尽管垄断资产阶级推行的社会福利政策并没有改变资本主义剥削的实质和资产阶级专政的性质，也没有真正实现"收入分配均等化"和"充分就业"，更没有消除贫困和两极分化的社会根源；但是，他们通过推行福利国家制度是否在某种程度上提高了居民的消费水平，多少缓和了资本主义生产与消费之间的尖锐矛盾，从而影响或减轻了社会资本再生产周期波动的剧烈程度呢？是否通过老年、医疗、失业、工伤事故等项保险和种种福利津贴，在一定程度上起到阶级对抗缓冲器的作用了呢？是否通过国民收入的再分配，使无产阶级在全部国民收入中所占的份额仍然"越来越少"呢？是否资本家为了赢得更多的"火腿"，也可以给工人多一些"香肠"呢？对诸如此类的问题，我们不能再像过去那样，光凭想当然，而必须进行实事求是的调查研究，才能辩证地得出符合时代特征的结论。

  我对于福利经济学和福利国家论，并未进行过深入的研究，也缺乏实地的调查经验，读了黄范章同志的这部书稿，使我对瑞典这个福利国家的真相及其面临的实际困难有了比较全面的了解。这本书不仅言之有物，并且重视理论分析，尤其可贵的是，作者还结合亲身考察，提供了第一手资料，富有新意和现实感。相信它的出版，对我们洞察福利国家制度的实质及其发展前景，将大有教益；对我们正确对待当代资产阶级经济理论，当会有所启发，因而，对我们坚持以理论联系实际的原则来推进马克思主义的经济理论研究是会有好处的。为此，我乐于写几句话，同广大理论工作者一起，面向世界，胸怀祖国，为社会主义物质文明和精神文明的建设略尽绵薄。

陶大镛

1985年9月于北京

目　　录

第一章　瑞典经济的基本情况……………………………（1）
　第一节　瑞典的产业结构…………………………………（1）
　第二节　瑞典的所有制结构………………………………（8）
　第三节　瑞典的经济政策结构……………………………（15）
　第四节　瑞典的基本阶级关系……………………………（19）

第二章　瑞典社会福利设施的基本内容…………………（26）
　第一节　瑞典社会福利设施的历史沿革…………………（26）
　第二节　全国的"医疗保险"制度…………………………（31）
　第三节　对老年人的社会保障制度………………………（44）
　第四节　对失业的救济与帮助……………………………（53）
　第五节　住宅及其他方面的福利设施……………………（60）
　第六节　"充分就业"与"国有化"政策……………………（68）

第三章　福利国家的危机——"瑞典病"剖析之一………（77）
　第一节　巨额的公共开支…………………………………（77）
　第二节　沉重的税务负担…………………………………（82）

第四章　福利国家的危机——"瑞典病"剖析之二………（92）
　第一节　庞大的财政赤字…………………………………（94）

第二节 通货膨胀加剧……………………………………（ 99 ）
第三节 生产率的增长率下降…………………………（106）
第四节 竞争能力衰落…………………………………（113）
第五节 经济结构危机及失业增加……………………（119）

第五章 瑞典福利国家的主要经济理论………………………（128）
第一节 瑞典学派的先驱………………………………（128）
第二节 20世纪50和60年代瑞典经济学家关于"福利国家"政策的讨论……………………………（141）
第三节 20世纪70年代瑞典经济学家关于"福利国家"政策的讨论……………………………（157）
第四节 关于瑞典"福利国家"前途的一场论战——"职工投资基金"计划的讨论………………（176）

第六章 福利国家制度的本质——国家垄断资本主义………（187）
第一节 福利国家制度——现代资本主义基本矛盾和阶级矛盾的产物………………………………（187）
第二节 福利国家的理论基础——国家垄断资本主义的意识形态……………………………………（194）
第三节 福利国家的危机——国家垄断资本主义的危机……（201）

后记……………………………………………………………（217）

第一章　瑞典经济的基本情况

第一节　瑞典的产业结构

瑞典,全称瑞典王国,位于北欧斯堪的纳维亚半岛东部,东临波罗的海和波的尼亚湾而与芬兰隔海相望,东北部分与芬兰毗邻,西部和西北部分与挪威接壤,南临海峡,西南隔卡特加特和厄勒两海峡与丹麦相望。瑞典地形南北狭长,西北是高原和山地,东南沿海是低地,大部分地区海拔为300—400米。领土面积约有45万平方公里。这个半岛国家,有着7,624公里长的海岸线,它的造船与航海事业有着非常悠久的历史。瑞典境内一片郁郁葱葱,森林覆盖面积达55%,而且大小湖泊有92,000个,星罗棋布于全国。瑞典的森林与水力资源十分丰富,因而木材加工和造纸业素负盛名。瑞典的矿物资源中以铁矿最为丰富,蕴藏量估计达40亿吨,且多为含铁率高达65%—70%的富矿,因此制铁业和采矿业历来都是瑞典的重要生产部门。此外,瑞典还有铝、铜、锌、硫黄和低质铀等矿藏。1981年,全国人口计有832万。

瑞典从一个贫穷的农业国发展成为现代的经济发达国家,只不过是近百年来的事情。在19世纪上半叶,瑞典的封建经济日趋瓦解,资本主义经济关系逐渐确立。1809年通过了瑞典宪法,1827年完成了农村土地改革。这一"改革"导致旧有的农村公社解体,而代之以所谓"恩希夫特"制度,即通过扩大圈地和合并小块土地的办法建立起资本主义式的农场。① 这时,大批农民丧失土地,而工业生产尚处于近乎停滞的状态。制铁业只是在 20 年代以后才因采用英国的冶炼技术而逐步有所发展,其他工业部门也几乎仍墨守着传统的技术,规模也不大,所以无法吸收农村中的过剩劳动力。1850 年瑞典近 350 万人口中,农业人口还占到 3/4 以上。尽管如此,农村社会经济的变革与技术的发展,毕竟为 19 世纪中叶的瑞典工业革命创造了物质前提。

19 世纪中叶瑞典开始进入现代工业化世界。机器的采用迅速改变了瑞典工业的面貌。布罗斯成了棉纺织工业的中心,木塔拉成为机械制造工业的中心。马丁炼钢法在钢铁工业中推行。第一条铁路于 1856 年建成。钢铁制造的巨型轮船在 19 世纪 70 年代的出现,大大地促进了瑞典的对外贸易和航运业。不仅现代的邮电系统在 19 世纪 60 年代建立起来,而且随着斯德哥尔摩银行于 1856 年建立和瑞典商业银行于 1871 年创立,一个现代的银行制度也在 19 世纪 70 年代建立起来。股份公司制度也迅速发展,股份资本在工业资本总额中的比重于 1896 年达到 24%,1905 年进一步增长到 35%。总之,正是从 19 世纪中叶掀起的工业革命开始,瑞典经济在一百年时间内以比西欧和北美大多数国家更高的增长率(据瑞典著名经济学家、诺贝尔经济学奖金委员会主席林德贝克教授统计,在 1870—1970 年的 100 年内,瑞典的人均产值年增长率为 2.1%,而西欧和北美大多数国家只有 1.5%—2%②)发展,使瑞典跻身于发达工业国的行列。据统计,随着工业化的推进,瑞典农业人口的比重从 1850 年的 75% 左右降到 1870 年的 72.4%、1890 年的 62.1% 和 1910 年的

---

① 参阅安德生:《瑞典史》下册,商务印书馆 1972 年版,第 437、478 页。
② 林德贝克:《瑞典经济政策》,纽约 1975 年英文版,第 1 页。

49%。1981年,瑞典的农业劳动力只占全国劳动力总数的4.7%。第二次世界大战后的瑞典,无疑已是世界经济发达国家之一。

那么,今日的瑞典经济究竟是一种什么样的产业结构呢?

瑞典只有830多万人口,但国民生产总值(GNP)在1981年却达到5,700亿克朗,相当于1,000多亿美元。据世界银行1982年发布的统计,1980年瑞典的人均国民生产总值为13,520美元,居世界第7位,高于法国、美国、加拿大、日本等主要资本主义国家。[①] 瑞典作为一个发达的工业国家,其工矿业和建筑业产值在国民生产总值中居第一位(见表1-1)。

表1-1 1981年瑞典国民生产总值构成(%)

总计	农业渔业	工矿业	建筑业	商业(包括饭馆)	交通运输业	公用事业	其他服务业	其他
100.0	4.0	24.4	7.0	10.6	6.6	19.9	17.2	10.3

资料来源:斯堪的纳维斯卡银行编:《瑞典基本实况》,1982年版。

下面,我们就瑞典国民经济的几个主要部门做一些分析:

1. 工矿业。瑞典工矿业中最重要的是机械、钢铁、木材加工等工业部门。特别是机械工业,其产值和职工人数在整个工矿业中分别占到43%和45%(见表1-2)。

表1-2 1978年瑞典工矿业的产值和职工构成(%)

	总计	食品烟酒工业	纺织工业	木材加工及有关工业(如造纸)	基本金属工业	机械工业	非金属矿产品	其他工业
产值	100.0	10.1	3.8	23.8	9.5	43.4	8.9	0.5
职工	100.0	8.7	5.3	21.9	7.4	45.6	10.3	0.8

资料来源:瑞典研究所:《瑞典实况简介:瑞典工业》,1980年版。

---

① 转引自《国外经济文献摘要》1982年第4期。

机械工业的主要产品是船舶、小汽车、汽车、车辆零件等。造船业是机械工业中的一个历史悠久的传统工业部门,其造船、修船总吨位中约有95%集中于四家最大的造船公司,这四家公司各有职工2,000人以上。瑞典造船工业战后发展较快,1970—1975年间每年以10%的速度增长;1976—1978年间瑞典每年下水船舶吨位数均占到世界下水船舶总吨位数的8.5%左右。随着世界造船业陷入生产能力过剩的危机以及国际竞争的白热化,瑞典的造船业自1976年后遭到严重的打击。1980年瑞典船坞下水船舶31艘,只占全世界船舶总产量的2.4%。瑞典的汽车工业战后也发展较快,它的产值占整个加工制造业产值的8%和雇佣人数的5%。1979年瑞典年产小汽车31万辆。尽管瑞典是一个小汽车的输入国,但它生产的小汽车却有75%出口。

钢铁工业在瑞典也有悠久历史。1978年它的产值占全国总产值的5%,其从业人员占全国劳动力总数的0.8%。1981年瑞典生产钢材310万吨,产值为130亿克朗。产值之所以高是因为其中60%是高质量的特种钢。瑞典的铁矿石产量,曾占世界铁矿的4%和世界铁矿石出口量的5%。20世纪70年代铁矿石产量一度达到3,260万吨,1979年产量为2,660万吨。瑞典的优质钢,多被用来生产像滚珠轴承、手表、钻石机、锯刃以及其他许多要求有很高耐用性的耐用消费品。

木材加工工业的年产值约50亿克朗,约占工矿业总产值的4.5%,该行业从业人员1976年曾达到7.5万人,以后逐年减少。木材加工企业规模小而且分散在南部省份,70年代以来多被合并,仅1970—1976年间就减少了2,000家左右。纸浆和造纸工业约有6万从业人员,约占工矿业从业人员总数的6%;其产值也约占6%。70年代后期木材加工、纸浆和造纸等部门的设备利用率下降,1977

年仅为 75%。

瑞典化学工业虽有近百年的历史，但只是在第二次世界大战后才发展成为一个重要部门。1980年化工部门从业人员共有4.1万人，化工产品总值为185亿克朗，化工生产主要集中在50家大公司手中。无机化工产品中以磷酸、硝酸、化肥为大宗，有机化工产品主要有药品、溶剂、增塑剂以及塑料等。石油化工是战后整个化学工业中发展最快的，其产值于1976年达到化工产品总值的一半。

总之，70年代以来，瑞典工矿业生产的发展，呈现出一种把重心逐渐从传统的工矿业部门（如木材加工、铁矿开采、造船等），转向一些新的高级技术部门（如车辆、电器设备、化工等）的趋向。

2. 交通运输业。瑞典交通运输业中最重要的是船舶航运业。瑞典有较大的商船队。1982年它共有远洋轮船300艘，近海轮船200艘，共550万吨位。1981年瑞典船队的营业活动中，只有20%服务于国内航运，而80%从事于外国港口之间的航运业务。

瑞典商船通过45条航线，把瑞典的港口跟欧洲其他国家的港口联结起来。它每年运载着大约1,300万吨货物和320万名旅客进出瑞典港口。航运收入已成为瑞典国际收入中的第四大项目。1981年瑞典商船仅从运载出口货物中就赚得124亿克朗。

瑞典已建立起以高速公路为中心的现代化公路网，公路全长计有97,800公里。1980年全国共有各种汽车310万辆，其中公共汽车1.3万辆，货运卡车18万辆，小汽车290万辆。国内90%的旅客和50%的货物是通过公路运送的。全国铁路线长12,000公里，包括500公里的私营铁路以及1,000公里左右的仅供货运的轨道。电气化铁路约占全国铁路线的70%。

瑞典民航运输也较发达。由瑞典、丹麦、挪威联合组成的斯堪的纳维亚航空公司，其航线遍及五大洲的50多个国家；它还兼营国内航线。另一家瑞典航空公司则专营国内航线。

表1-3的一些数字,给瑞典的运输结构提供了一个概貌。

表1-3 瑞典国内客货各类运输比重(%)

	总计	公路			铁路	水路	航空
		小汽车	公共汽车	货车			
客运(1980)	100	79.7	8.6	—	9.8	0.2	1.7
货运(1979)	100	—	—	46	33	21	—

资料来源:瑞典研究所:《瑞典实况简介:瑞典运输》,1981年版。

至于国际运输,国际客运基本上靠航空,进出口货运则基本上靠海运和铁路。例如,1979年出口运输中,铁矿石82%靠铁路运输、18%靠海运;其他货物海运占69.7%、铁路占12.5%、公路占17.7%、航空占0.1%;进口运输中,石油及石油产品几乎全靠海运,其他货物有68.8%靠海运、10.6%靠铁路、20.4%靠卡车、0.1%靠航空、0.1%是顺河漂木。

3. 农业。由于55%的土地为森林所覆盖,瑞典耕地面积仅有300万公顷,占全国土地面积的6.7%。1981年农业(包括林业和渔业)产值占GNP的4%,在全国劳动力总数430万人中农业劳动力只有20.4万人。60%的耕地用于种植粮食(包括一部分饲料),40%的耕地用于种植牧草。从事农业生产的都是老年人,全国农业劳动者的平均年龄是52岁,年轻人多转入城镇的工商业或服务业。许多小农场都面临着后继无人的局面。

瑞典农业绝大部分由家庭农场经营。近十年来农场数日益减少,而农场规模却越来越大,表现出明显的集中化趋势。据统计,仅1976—1980年间,耕地面积为2—20公顷的小农场减少了13,700个,而大农场却增加了600个。在1980年,耕地面积在2公顷以上的农场数计有118,000个,其中耕地面积不足20公顷的农场约占

1/3；而耕地面积在100公顷以上的农场仅占农场总数的3％，却经营了19％的耕地（见表1-4）。瑞典的家庭农场是由土地所有者本人及其家属以及雇佣的少数几名农业工人来经营的，只有40％土地是租赁来的。

畜牧家禽在农业中占有重要地位，农家的收入中有80％来自畜牧家禽。1980年瑞典共有牛190万头（其中奶牛65万多头），猪278万头，羊近40万头（白羊供肉食，灰羊供毛皮）。家禽饲养业已从农家副业变成了专业化的独立行业。

表1-4　1980年瑞典农场规模结构(％)

经营规模（公顷）	占有土地（％）	农场数（％）
2—10	9	38
10—20	14	24
20—30	13	13
30—100	45	22
100以上	19	3

资料来源：瑞典研究所《瑞典实况简介：瑞典农业》，1981年版。

4. 对外贸易。瑞典历来是个严重依赖对外贸易的国家，工业品约有47％供出口，而75％的燃料依赖进口。1980年瑞典出口总值达1,307.8亿克朗，进口总值达141.3亿克朗。

战后以来，瑞典的对外贸易结构，特别是输出结构经历了重大的变化。在20世纪50年代初期，瑞典的出口贸易中约有一半是原料和半制成品，主要是纸浆、铁矿石、纸张、铁和钢。在后来的二十年间，加工制成品在出口中的比重提高了。到80年代初，出口贸易由两大系列产品组成：一类是以钢铁和其他金属为基本原料的加工制成品（如机器设备、运输工具、科学仪器等），占出口总值的50％以上；另一类是以木材为基本原料的加工制成品，占出口总值的21％。

原料出口仅占出口总值的 1/6 左右。瑞典出口结构的变化，反映了战后以来产品结构的变化。表 1-5 表明了 80 年代初瑞典进出口贸易的结构。

表 1-5　1980 年瑞典对外贸易结构(%)

	总计	食物、烟草、油脂等	原料(木材、纸浆、矿石等)	矿物燃料	化工产品	加工制成品(纸板、纺织品、钢铁等)	机器及运输设备	其他加工制成品(衣服、鞋等)
出口	100.0	2.3	11.9	4.5	5.3	27.8	39.7	8.5
进口	100.0	7.0	4.3	24.2	8.1	17.1	26.8	12.5

资料来源：瑞典研究所《瑞典实况简介：瑞典对外贸易》，1981 年版。

瑞典是欧洲自由贸易联盟(EFTA)的成员国，参加了欧洲 17 国自由贸易区，而且与欧洲经济共同体(EEC)的联系比较密切。近十多年来，它还致力于加强同第三世界国家的经济联系。据统计，1980 年瑞典的出口贸易中有 82.1% 输往西方经济发达国家(如西欧、北美和日本等)，4.2% 输往苏联和东欧，13.7% 输往第三世界国家；1980 年瑞典进口贸易中有 78.5% 来自西方经济发达国家，5.2% 来自苏联和东欧，16.3% 来自第三世界国家。

第二节　瑞典的所有制结构

几十年来，瑞典一直被西方报刊和学者冠以"福利国家"的桂冠。他们多数人并不只是从政策意义上来看待所谓福利国家，而是把它说成是一种"基本制度"，称之为"瑞典模式"或"第三条道路"。究竟什么是福利国家制度呢？许多人都曾从并不全面的角度给它下过定义或对其特征做过描述。著名瑞典经济学家伦德堡认为，福利国家或瑞典模式一方面是指劳资双方在膺怀对国家经济发展的"责任感"的基础上，通过"自由谈判"来确定合理工资，避免政府干预；另一方面却又是指运用政府政策来实现所谓高度就业,均等化收入分配,社会保障制度等等。①

另一位瑞典经济学家梅尔逊认为,瑞典福利国家模式的特征是:在生产领域内,"效率"这一目标居于优先地位,主要是通过加强市场经济的"分散化的资源分配机制"来确保"效率";在分配领域内,则以"平等"为首要目标,它是"依据各种原则民主地分配生产果实"。②

另一位经济学家希日泽尔则宣扬瑞典福利国家"包含有资本主义和社会主义的某些基本特点",认为它"基本上依靠自由经营与市场制度",它的"生产与分配基本上仍然掌握在私人企业主的手中",同时又把"实现公平分配,确保全民最低限度生活水准和充分就业作为公共政策的最重要的社会目标"。③

从上述种种定义或描述中,我们可以看出,所谓福利国家的基本特征,无非是现代资本主义的生产跟现在资产阶级国家对收入、投资、消费的"调节"的某种"结合",正是这种结合导致了各式各样的社会福利设施。从另一角度看,这个所谓福利国家,也可说是在现代资本主义条件下"自由经营"跟"国家调节"的某种结合,即在生产领域内尽可能减少政府干预,尽可能多地让劳资双方通过"自由的"直接"谈判"来处理问题,按所谓"自由协议"或"合同"办事;同时,又完全依靠资产阶级国家运用它的财政、货币和收入再分配的政策,对收入分配和就业进行"调节"。总之,所谓福利国家完全是现代资本主义经济条件下的产物,它不仅仅在现代资本主义经济这个框架允许的范围内活动,而且它的一切活动都必须服从于这一最高目标:维护现

---

① 伦德堡:"瑞典模式的兴衰",刊《斯堪的纳维斯卡银行—恩斯基尔达银行评论》1981年第1—2期,第12页。
② 梅尔逊:《危机中的福利国家》,1982年英文版,第5页。
③ 希日泽尔:《瑞典经济》,1971年英文版,第18—19页。

代资本主义这个框架。

因此，如果从所有制的构成来看瑞典的经济结构，则瑞典经济可以说由三种主要经济成分所组成：最主要的成分是以生产资料私有制为基础的现代资本主义经济部分，其次是与现代资产阶级国家的某些经济活动相联系的所谓公共经济部分，再次是合作经济部分。前者是处于支配的主导地位的，后两者则处于从属地位。

1. 私人经济。瑞典的工农业、对外贸易及金融企业，基本上掌握在私人企业手里，它们的生产和流通几乎完全依靠市场机制。尽管它们自命为"自由经营"，但自19世纪末以来，随着垄断企业的出现与发展，瑞典经济已发展成为垄断资本主义经济。瑞典一些最大的垄断企业，大多是在第一次世界大战以前或两次世界大战之间建立起来的。例如，ASEA重型电气设备公司、SKF滚珠轴承公司、爱立信电话和电气公司、波霍斯重型机械公司、AEA家庭照明公司等垄断企业，都是在工业化初期阶段成立的，而现在都已成为跨国公司。瑞典火柴公司、山德维克特种钢公司等垄断企业也都成立较早。著名的沃尔沃汽车公司，成立于第一次世界大战以前，第二次世界大战后已成为跨国公司了。瑞典垄断资本的集中程度也是相当高的。据统计，20世纪60年代末和70年代初，瑞典国民生产总值为1,400亿—1,600亿克朗，而15家最大的垄断企业的年营业总额达260多亿克朗，其中54%（约140多亿克朗）属于最大的五家（沃尔沃、SKF、ASEA、爱立信电话和电气公司、山德维克水泥公司）。[①] 这种集中化的趋势在70年代又有了进一步发展。可见，在这个所谓福利国家制度下的经济，不仅是私人的、资本主义的，而且是垄断的。私人的、垄断的资本主义经济乃是当代瑞典经济的主体与基础。

[①] 希日泽尔：《瑞典经济》，1971年英文版，第34页。

我们可以通过瑞典政府统计部门计算 GNP 的方法,进一步了解私人经济部门所占比重。它根据凯恩斯的理论,从需求方面计算总产出。根据凯恩斯的需求学说,一国在一定时期内的总产出也就是它的总需求。按照它的方法计算,一国在一定时期内的全部产出,无非是由两类产品所组成:一类是用于消费的消费品,另一类是用于生产的投资品(即生产资料)。故总产出等于国内对消费品的总需求和对投资品的总需求的总和,或者说,等于国内消费支出和投资支出的总和。用公式来表示是:

$$Y=C+I$$

在这里,Y 代表总产出或 GNP,C 表示消费支出,I 表示投资支出。这里的消费支出和投资支出,各自均包括私人的和政府的两个部分。此外,还要考虑进出口因素。

根据瑞典政府统计部门的统计,1981 年的 GNP 是 5,696 亿克朗。这个数字就是依据上述公式计算的,它的构成如下:[1]

私人消费	2,966
公共消费(中央与地方政府)	1,696
私人投资(包括住宅)	753
公共投资	340
储　备	－42
国内需求	5,713
进出口余额(进口 1766,出口 1749)	－17
GNP	5,696

仅从这里看,私人消费加上私人投资共计 3,719 亿克朗,占

---

[1] 见《瑞典经济月刊》1982 年 4 月号,第 34 页。

GNP 的 65.3%。但这只是从总需求的角度来看私人经济部分的地位和作用的。这当然是很不够的。因为公共投资和公共消费部分中有相当部分来自私人企业和个人的税收。要了解瑞典私人经济部分在国民经济中的地位与作用,还可采用更简便的方法进行粗略的估算,即从 GNP 中减去国营企业的总产值。瑞典国有企业的营业总额在 1978 年为 680 亿克朗,1981 年约 800 亿克朗,仅占 GNP 的 14%,其余全属私人经济部分。由此可见,私人垄断资本在瑞典国民经济中占有绝对的统治地位。

2. 公共经济。公共经济中的重要成分之一,便是由政府经营的国有企业以及由政府与私人资本合营的公私合营企业(或混合企业)。瑞典政府经营这些企业,是因为:(1)像邮政电信之类的公用事业,必须由政府举办。(2)加强国防或保护一些重要资源的需要。例如,早在 1907 年就曾以此为由而对东北地区的铁矿实行"公私合营",自 1956 年和 1976 年政府增购股份后,这些铁矿几乎已全部由政府所掌控;在 40 年代期间,政府也为了同样理由而对某些石油和核能源生产进行了投资。(3)支持处于财政困难或濒临破产的企业。例如,1979 年曾把一家濒于破产的大造船厂即乌德瓦拉瓦维特造船厂实行"国有"。(4)政府对烟酒、医药实行"专卖"或国家垄断。例如,由国有的斯范斯卡烟草公司垄断了烟草的制造、进口和销售;由国有的 SAPA 公司对各饭馆酒精饮料实行联营专卖;医药公司实行了"国有化",以便由政府有效地控制药品价格。(5)提高效率和改进经营,将一些原属国有的企业改为公私合营。例如,一家造船企业和一家机械康采恩(SMT 机械公司)从政府的国防物资局的管辖下独立出来,变成公私合营公司;1968 年建立了公私合营的 ASEA 原子能电力公司,它的一半股份为政府所拥有。1974 年还成立了国有的商业银行(PK)。

瑞典国有化企业主要集中在矿业、公用事业以及交通运输业。

在这些部门中,国有企业常占到它们总产出额的50%左右。以工矿业为例,按1975年雇佣人数计,则国有企业在采矿业雇佣人数中占50%,而在机械工业中只占3%,化学工业中只占2%,在食品加工业中只占4%,在森林工业中也只占3%,而在纺织、非金属采矿业中所占的比例几乎可以忽略不计。①

70年代末,国有企业中拥有7个公用事业公司、140个股份有限公司以及9家信贷机构。它们的营业额在1978年已增至680亿克朗,就业人数达26.5万。值得一提的是,工矿业中有22家国营企业被置于一个国营的"控制公司"(SF)的控制下。据统计,在1981年,这个"控制公司"约占全部国有企业的就业、产值、投资的3/4。②

以上所述,只是从所有制构成来看公共经济。然而,从公共经济部分的地位与作用看,国有企业只是它们的一部分。政府还运用财政政策、货币政策和再分配政策,从居民个人和企业那里收取了相当数额的资财,组织了其他许多方面的活动,提供了相当数额的就业、公共投资和公共消费。表1-6告诉我们,如果仅从就业看,1979年国有企业提供的就业只占就业总额的1.1%,而整个政府部门就占38.5%。所以,在考察公共经济这一部分时,应该在考察国有企业在国民经济中的地位之后,再考察一下政府通过自己的经济职能所形成的经济力量及其作用。这一点,我们在后面要谈到。

表1-6 1979年瑞典政府部门在总就业中的比重(%)

中央政府				地方政府			合计
国有企业	合营企业	政府部门	小计	合营企业	政府部门	小计	
1.1	1.8	11.2	14.1	0.9	23.5	24.4	38.5

资料来源:爱里阿逊:《挖盈补亏》(1981年研究报告),第6页。

---

① 瑞典研究所:《瑞典实况简介:瑞典工业》,1981年版。
② 爱里阿逊:《挖盈补亏》(1981年研究报告),第4页。

3. 合作经济。瑞典的合作社运动开始于1850年。当时它们多是消费合作，作为个体生产者和消费者反抗中间盘剥的一种手段。由于缺乏经营资本和经营经验，它们大多数均不成功。至1899年，这些合作社联合组成"合作联社"(KF)。KF常与面粉、肥料、人造黄油等行业的垄断行为进行斗争。例如，1922年KF将当时瑞典一家大面粉厂买下，对于抑制当时面粉零售价格的上涨起到了显著作用。

瑞典合作社的主要形式是消费合作社与生产合作社。消费合作社主要集中在国内商业部门，特别是零售业方面；而生产合作社主要集中在农业方面。此外，还有"住宅租建合作"、"保险合作"等等。目前，各合作系统中的从业人员占全国就业人数的5%，在国内商业从业人员中占14%，在工业从业人员中占7.5%。

消费合作系统中的从业人员占全国就业人员总数的2.5%。它的最大的一个全国性组织就是KF。全国国内食品销售中有20%以上，非食品销售中有13%是由KF提供的。1979年全国零售额中，消费合作社系统占18%。

生产者合作组织主要是在农业中发展的，这里所讲的"生产合作"，其实是指生产者在生产资料供应、产品销售以及部分生产工序中的合作。据报道，农产品约有75%都通过这种合作组织出售。奶酪的初步提炼几乎完全是在农民自己的合作组织内进行的。80%的肉类生产是来自农村的合作屠宰房。1981年全国农业合作社共有800个和1,400座建筑物，有从业人员6.5万人，营业额计370亿克朗。

KF已于1905年开办了一家防火保险合作社。1914年总工会和KF联合开办人寿保险合作社。1946年这两个保险合作组织合并成一个保险合作社。1980年这个合作社共有基金145亿克朗。[①]

---

① 以上参阅瑞典研究所：《瑞典实况简介：瑞典合作事业》，1981年版。

此外还有住宅租建合作社（HSB）。这种合作的宗旨是：帮助房客"先储蓄，后建房"。该社还建造一些供出租的公寓或住宅，先租给房客然后再逐渐将房客变成房主。1981 年全国共有 38 万人参加 HSB，其中 26 万人现在已经有了私人住房。[①]

第三节 瑞典的经济政策结构

瑞典是由资本主义生产和所谓"均等化"分配、宏观经济管理所"混合"组成的福利国家。它的确立，是和瑞典政府长期推行所谓"收入均等化"政策和"经济稳定化"政策分不开的。推行这两项政策所借助的基本工具，便是财政（或预算）制度和货币银行制度。

1. 财政（或预算）制度。瑞典的财政预算分国家预算和地方预算两种，前者由中央政府所主管，后者分别由 26 个地方政府（23 个省和 3 个市）所主管。中央财政收入，主要来自各种直接税、间接税以及一部分社会保障金（或社会保障税）缴纳。直接税包括：个人所得税、公司所得税、资本税、遗产及馈赠税等；间接税包括：酒税、烟税、销售税、汽油税、能源税、关税、汽车养路税、雇主缴纳等。据统计，1980 年中央预算中各种直接税收入为 370 亿克朗，占中央财政总收入的 25.3%；各种间接税收入为 695 亿克朗，占中央财政总收入的 47.4%；社会保障金缴纳为 252 亿克朗，占中央财政总收入的 17.2%。至于中央预算的支出，最主要的一项是所谓"转移性支付"，其中包括对家庭、社会保障部门、地方政府、企业等的各种补助、津贴或赠款。这些支付构成所谓社会福利设施的部分重要内容。1980 年该项支出总计为 1,334 亿克朗，占中央预算总支出的 72.4%，而

[①] 参阅瑞典研究所：《瑞典实况简介：瑞典的住宅》，1981 年版。

其他各项支出(包括军费在内)占 27.6％。1980 年瑞典的国家预算见表 1-7。

表 1-7 1980 年瑞典中央预算收支情况

单位:亿克朗

财政收入					财政支出		
直接税	间接税	社会保障金缴纳	其他	合计	转移性支付	其他	合计
370.33	695.01	252.03	147.42	1,464.79	1,334.15	509.23	1,843.38

资料来源:《瑞典经济月刊》,1982 年 4 月号,第 157 页。

地方政府的预算,在瑞典社会经济生活中起着重要的作用。许多公用事业,如中小学及专科教育、城市建设、城市公用事业、医药卫生等等,都由地方政府举办。地方政府的巨额支出,主要来自三个收入来源:个人所得税,中央政府的各种赠款和补贴,地方政府经营的公用事业和其他企业的收入。在 1980 年地方政府总收入 1,453 亿克朗中,有 53％ 来自地方征收的个人所得税,27％ 来自中央政府的赠款与补贴;而在地方政府 1,453 亿克朗的总支出中,包括医药服务、教育等各项事业费用在内的地方政府消费支出约占 72％,转移性支付约占 16％,其余支出约占 12％(见表 1-8)。

表 1-8 1980 年瑞典地方政府财政收支情况

单位:亿克朗

财政收入				财政支出			
个人所得税	中央政府赠款与补贴	其他	小计	转移性支付	消费	其他	小计
776.68	386.80	289.70	1453.18	239.36	1051.02	163.31	1453.69

资料来源:《瑞典经济月刊》,1982 年 4 月号,第 162 页。

2. 货币银行制度。瑞典银行体系的顶端,是瑞典国家银行,下面是商业银行以及其他金融机构(如储蓄银行、全国养老金基金会等)。

瑞典国家银行是由政府开办的中央银行。它创建于1668年,当时还未能充分发挥作为中央银行的职能。直到1897年它才被议会赋予独占货币发行的权力。根据立法,它直接对议会负责,并且不能接受来自议会以外的任何机构或个人的指令。它受一个由议会专门小组任命的七人董事会所管理,其中一人为主席。瑞典国家银行是银行的银行,掌管着货币的发行与供应,掌握着作为中央银行的一切政策工具(如公开市场业务、对储备率与贴现率的控制等)。它的主要职能是:(1)调节货币供应量以及货币市场的利息率,实际上由它掌管货币政策的权力;(2)掌管国家的黄金与外汇储备,负责确定官方的外汇汇率;(3)确定各商业银行及其他贷款单位的储备率,这些储备率之高低则视银行的规模大小而定;(4)确定和调节银行贴现率;(5)掌管"公开市场"业务,在"公开市场"上掌管政府有价证券的买卖,调节货币的供应。

70年代初瑞典有商业银行十六家,其中只有一家是政府开办的,其余均为私营。四家最大的私人银行,垄断了瑞典全部商业银行的借贷款业务的70%。金融资本集中的程度相当高。商业银行的职能是:(1)给工商企业发放长期贷款;(2)接受活期与定期存款;(3)充当证券交易的经纪人;(4)充当债券及住宅抵押贷款的担保人,等等。

瑞典垄断资本统治集团及瑞典政府,正是利用财政预算制度和货币银行制度这两个工具,贯彻两项基本政策:一是所谓"收入均等化"政策,二是所谓"经济稳定化"政策。

所谓收入均等化政策,主要是指利用累进所得税以及转移性支付,举办各种社会福利措施,使社会各阶级、集团之间的收入和消费水平通过再分配后趋向于均等化。在这里,必须补充说明两点:(1)

中央政府和地方政府都征收个人所得税,但征收方式不同。地方政府对个人所得征收"比例税",即按统一比例对所有的个人收入征税;而中央政府则对个人收入征收"累进税"。以后,我们将要具体介绍累进税的实施情况,并说明所谓收入均等化政策收效甚少,反倒给国民经济带来了许多消极后果。(2)瑞典除了中央和地方财政预算体系外,还有一个具有独立形式的公共财政体系,即社会保障系统。许多社会保障事业由这个系统举办和经营,许多名目的社会保障金(或社会保障税)都向这个系统缴纳,而不直接向中央或地方政府缴纳。诚然,这个系统所举办和经营的福利设施,除了依靠人们直接的缴纳外,最终也得仰赖于国家预算给予各项设施的专门赠款。所以,仅考察瑞典的中央与地方政府的预算收支,既无法了解整个社会福利设施的规模与费用,也无法了解人们为支撑这个福利国家所承受的全部税负。

至于所谓经济稳定化政策,是指通过调节政府开支、税率和货币供给量,来调节社会总需求,以维持"充分就业"。这种经济稳定化政策,其实也就是战后盛行于整个西方世界的凯恩斯主义的"充分就业政策"或"反危机政策"。尽管资产阶级经济学中以瑞典为发源地的斯德哥尔摩学派(或瑞典学派)在理论上与战后流行于西方国家的凯恩斯主义有所不同,但其主张运用财政政策与货币政策来调节经济以确保"充分就业"与"经济增长",则几乎同出一辙。诚然,战后几十年瑞典经济理论和经济政策深受凯恩斯主义的影响。这一点,当今许多瑞典经济学家也是直认不讳的。值得指出的是,调节社会总需求的经济稳定化政策,主要倚重的是公共开支这个手段。战后瑞典经济的增长,主要是靠不断扩大公共开支来实现的。公共开支中既包括中央和地方的财政支出,也包括社会保障系统的开支。这些开支大多与福利设施联系在一起。在这里,稳定化政策又和均等化政策交织在一起。

第四节 瑞典的基本阶级关系

前面我们已简要地介绍了当今瑞典的产业结构、所有制结构、政策结构等,现在着重介绍一下瑞典社会的阶级结构。关于瑞典的阶级结构,首先要着重指出两点。第一,瑞典在西方国家中是垄断资本最为发达的国家之一。据瑞典总工会的工业和经济集中委员会编写的《所有制及其经济影响》所揭示,在 60 年代,100 家最大企业所雇佣的工人人数,占全部产业工人数的 43%,其产值占全部工业总产值的 46%。股份资本也高度地集中在少数金融寡头手中。据统计,在 60 年代中期,瑞典全国的私人股份资本总额中约有 25% 集中在 0.1% 的股东手里;10% 的股东却掌握了全国私人股份资本的 75% 左右。第二,瑞典社会中最主要的阶级是两大基本阶级:资产阶级与无产阶级。瑞典阶级关系中的一个最引人注目的特点,乃是两大基本阶级都已高度地组织化了,全国绝大多数受雇佣的职工都参加了总工会(LO);而全国绝大多数的私人企业主都参加了雇主协会(SAF)。这两大阶级性组织,既对峙又打交道,分别以"雇员总代表"和"雇主总代表"的身份,在社会经济生活中开展活动,有时进行某些形式的合作。下面拟着重就两大阶级性组织及其作用做一简要介绍。

瑞典总工会。它是瑞典最大、最古老的一个工会组织。它下辖 24 个全国性的行业工会,拥有会员 200 多万人。[①] 这些行业工会在各地均有分会,在企业车间也有小组。总工会的会员基本上是蓝领工人(或体力劳动者)。此外,白领工人也有一个全国性工会

---

① 瑞典总工会:《工会基本读物》,1981 年版,第 73 页。

(TCO),拥有100万会员,会员多是在银行、商业、保险业、铁路、政府部门工作的雇员。目前,90%的蓝领工人和70%的白领工人都加入了工会。

总工会的最高权力和决策机构是会员代表大会。代表大会每五年召开一次,代表约300人。代表推选人数依各成员工会的规模大小而定,但每个成员工会至少有一名代表。代表大会选举执行局,通常由13人组成。执行局一般每周开会一次,商讨总工会的各种活动。

总工会与社会民主党有着密切关系。两者之间相互支持,相互合作。例如,在历次大选中总工会总是号召会员支持社会民主党。总工会主席也是社会民主党的成员和议员。尽管如此,总工会一向宣称"在政治上不结盟",保持独立行动。总工会并不从属于社会民主党的领导,相反,社会民主党在相当程度上还指靠总工会的财政支持。总工会每年都给社会民主党出版机构提供400万—500万克朗的资助。在大选期间总工会的财政支持更为重要。总工会文件认为,它与社会民主党之间的关系,是一种"密切的合作关系"①。

总工会的活动的一个重要特点,就是高度集中化。根据总工会的章程规定,未经工会中央同意,地方工会或行业分会不能采取任何与总工会政策相抵触的行动;如果有违于此,总工会有权对它们提出警告与处分,停止对它们的财政支持。全国工资协议就是由总工会与瑞典雇主协会通过中央级谈判而达成的。在与瑞典雇主协会谈判之前,总工会执行局提出有关谈判的初步方针,与所属地方分会或行业分会进行磋商。然后,由总工会执行局吸收一些行业工会代表参加,组成代表团,代表整个总工会所属组织与瑞典雇主协会代表团就

---

① 瑞典总工会:《工会基本读物》,1981年版,第82页。

工资平均增长幅度、工时长短等问题进行谈判。协议达成后,由总工会执行局将协议发至所属各全国性行业工会和地方分会。各行业工会和地方分会再根据这一原则性协议与相应的雇主协会分会谈判和签订具体合同。总工会所达成的协议跟它的其他决定一样,对所属各工会组织具有约束力。工资谈判和协议,一般以两年为期。如果个别工会组织因未能达成合同而举行罢工,则事先必须征得总工会同意。在协议执行期间,总工会及各级组织承担着"制止"任何罢工的"义务",否则,它必须用自己的资产来赔偿企业因罢工而遭受的损失。

总工会以雇佣工人总代表的资格,在瑞典经济乃至政治生活中起着重要的作用。它宣称它的任务是"维护"劳工群众的利益,同时又强调必须"关心"公司的"繁荣"和"未来"。[1] 这就确保了把工会的行动局限在资本主义制度可以容许的范围内。

瑞典雇主协会。它是全国最大的一个资本家组织,它的一切活动影响着其他一些未加入协会的企业主。1980年,它的会员计有3.7万家私营的工商业、运输业及其他服务业企业,其中既有小作坊,也有大垄断企业。据报道,在这3.7万家私人企业中,约有1.91万家的企业是雇工不超过5人的小企业。91%的企业每家雇工不超过10人;雇工超过500人的企业,只占协会会员数的0.9%,而其雇佣人数却占协会所属企业全部雇佣人数的49%。[2] 雇主协会通常是保守党、中央党、人民党的积极支持者。

雇主协会作为企业主——资本家的总代表,其主要任务是:代表所属企业与总工会进行各种谈判(包括工资谈判以及劳资纠纷谈

---

[1] 瑞典总工会:《工会基本读物》,1981年版,第75页。
[2] 瑞典雇主协会:《雇主协会简介》,1981年版,第12页。

判）；在与各级工会打交道中，通过它在政府各重要部门的咨询代表，维护企业主的利益；为私人企业提供一些服务，如交流劳工市场情报，为在企业中建立劳资合作或共同决策提供咨询；等等。瑞典雇主协会在各地均有分会，协会所做出的决议以及它与总工会达成的协议，均对所属各地分会有约束力。

各会员企业向协会缴纳会费，数额不等，视企业所付的工薪总额大小而定。按1982年2月的规定，会员企业按本企业蓝领工人工资总额的0.4%和白领工人薪金总额的0.35%向协会缴纳会费。协会利用会费建立"基金"，交保险公司经营。这笔基金1980年已达10亿克朗。一旦有会员企业因雇员罢工而遭到损失，可以从协会获得适当的补偿。[①]

总工会和雇主协会作为瑞典垄断资本主义社会的两大基本阶级的总代表对峙着，但又在资本主义制度所给予的界限内进行着"合作"。瑞典政府对于劳资之间的事务一般避免采取直接干预的做法，总是尽先鼓励总工会和雇主协会通过直接接触，本着"和解"精神加以处理。工资协议谈判就是一个突出的例子。一旦地方分会或行业工会与地方雇主协会无法就工资合同达成协议，双方或任何一方均可以诉诸"劳动法庭"。劳动法庭是国家处理劳资纠纷的最高法庭，由一个七人审判团所主持，七人中包括三名法官以及总工会、雇主协会的各两名代表。[②] 这样，国家便通过法庭进行干涉，以避免一般劳资纠纷导致罢工行动。另一个是曾被西方报刊称为"阶级合作"的"范例"的所谓"劳动市场委员会"。这个委员会受劳动部领导，直接对内阁及劳动部负责。它有中央及地方的管理机构，各级管理机构

[①] 瑞典雇主协会：《雇主协会简介》，1981年版，第15页。
[②] 希日泽尔：《瑞典经济》，1971年英文版，第204—205页。

中均有工会和企业的代表参加。例如，劳动市场委员会的中央管理局由十五人组成，其中一名总经理，一名副总经理，三名瑞典雇主协会代表，三名总工会代表，两名白领工会代表和一名自由职业工会代表，两名妇女和农业主代表，其余为劳动部官员。这个委员会的任务，就是提供就业服务，帮助工人迁移（从失业区移往新开发区），进行失业救济，开办职工培训班，参与配置工业生产力与制订经济规划的工作，等等。① 据称，在政府的指导下，这个委员会的工作贯穿了"合作"、"和谐"的精神。

总之，工会和雇主协会代表着瑞典社会两大阶级的政治力量，凌驾于二者之上的是自诩为超阶级的资产阶级国家。工会、雇主协会、国家议会，这是瑞典社会的三大权力中心。十分有趣的是，当你在斯德哥尔摩市内高处俯览市区，就可以看到总工会、雇主协会、国家议会这三座象征着三大权力中心的大厦，彼此近距离地鼎足而立。这三座大厦，又像三根柱子，在那里艰难地支撑着这个"福利国家"。

* * *

通过前面对瑞典近百年来历史发展的简要回顾，以及对它当今经济结构和基本阶级关系的初步考察，我们可清楚地看到：近百年来的经济发展，已经使瑞典从一个贫穷的农业国变成了一个发达的工业国。瑞典为什么能够在一百年左右的时间内取得这一历史性转变呢？林德贝克所做的解释具有相当的代表性。他在1975年出版的《瑞典经济政策》一书中，列举了如下的一些导致瑞典近百年来经济迅速发展的"有利因素"：农业在经济起飞前的发展，教育的发达，国际市场的扩张，技术的发展，外资的流入，劳动力的输出，私人经济的自由经营，一百五十多年的和平（即无内外战争），劳资之间关于和平

---

① 参阅瑞典研究所：《瑞典实况简介：劳工市场政策》，1981年版。

解决纠纷的"协议",等等。① 林德贝克特别强调劳资之间的"合作"气氛和"和平关系"、工人与资本主义社会"一体化"等因素对于瑞典近百年来经济发展的重要意义。他把瑞典的"成功"最终归功于这么一种制度的"结合":一个充分发挥私人企业家的创造力和市场机制作用的私人经营经济跟政府在各方面推行的社会福利设施相"结合"。② 林德贝克把这种"结合"称之为"混合经济"或"混合制度"。而这个"混合经济"的社会基础,却依然是资本主义社会所固有的两大基本阶级——资产者与雇佣劳动者;只是这两个对立的基本阶级都高度地组织化了,各自成立了从中央到基层的组织体系,而这些阶级性组织都各自有一定的政党作为自己的政治代表。这种"结合"的制度,也就是在1950—1970年里曾经喧嚣一时的福利国家。尽管瑞典经济学家对近百年来瑞典经济发展的解释不尽相同,但绝大多数都把劳资之间在经济上、政治上的"合作",特别是把第二次世界大战后的所谓福利国家的实践,作为促进瑞典经济发展的最重要因素之一。可是,好景不长,瑞典70年代中期以来所面临的福利国家的深重危机,充分表明这种"结合"或"混合经济"既没有也不可能解决现代资本主义所固有的基本矛盾。一方面,我们应该看到,社会福利设施的推行,在相当程度上给资本主义经济的发展提供了一个相对安定的政治局面和某种有利的经济条件,同时在现代资本主义经济发展中也出现了一些新现象和新课题;另一方面,我们还看到,这些设施的发展,不可避免地或迟或早地会进一步加剧资本主义所固有的各种矛盾。为了探讨这些问题,本书以下各章节拟就这些设施所依托的社会经济条件、它们的缘起和基本内容,以及它们的经济效果和

---

① 林德贝克:《瑞典经济政策》,纽约1975年英文版,第7页。
② 同上书,第247页。

历史趋向,进行一些基本的考察。此外,客观经济过程的发展,总是强烈地反映到经济理论上来并要求后者为之服务,因此,本书也拟围绕着所谓福利国家制度问题来评述瑞典经济学的发展,力图从理论与实践的结合上分析瑞典经济学的特征与本质,以进一步加深对瑞典这个国家的认识。最后,本书还将从理论上对这个瑞典式的"经济模式"进行一个总体的考察,并联系当前西方国家垄断资本主义发展中的某些新情况进行初步的理论探讨。

第二章 瑞典社会福利设施的基本内容

第一节 瑞典社会福利设施的历史沿革

瑞典百余年来资本主义发展的历史告诉我们,瑞典社会福利设施之推行,是随着瑞典资本主义经济的发展而开展起来的,是随着瑞典资本主义的经济矛盾和阶级矛盾的发展而开展起来的。

瑞典的工业革命,开始于19世纪40年代中期。在这以前,工业品的生产多集中于农村作坊,人们称之为布鲁克。它是在农村由一个家庭雇工经营的生产组织,从事于采矿、冶铁或其他工业生产。它是按家长式原则组织起来的,虽然也在不同程度上对老年或鳏寡雇工提供某些赡养福利,却不利于工人组织的发展。当时只是在一些大城市里出现了一些手工作坊,到了19世纪中叶开始出现工会组织。瑞典历史上第一个工会组织,乃是1846年在斯德哥尔摩建立的一个地方性的印刷工人协会。不过,这个协会一开始就处在改良主义思想的支配之下,其宗旨只是主张"闲暇时间内提供有教育意义的娱乐,以代替破坏性的寻欢作乐"。

随着工业化进程的向前推进,随着古老农业社会的日趋解体,大批无地的农业劳动力涌向城镇。农村提供的大批廉价劳动力,加剧了城镇工人阶级的困难处境。当时,工人阶级的状况是恶劣的,工人不仅只能获得很低的工资,而且工作时间每天多则12小时,少则9

小时，通常是 10—11 小时。工厂内的劳动条件和卫生设备很差，劳动保护条件也差，童工和女工的要求无人理睬。许多人流往国外。据统计，在 1870—1910 年间，这个当时只有 500 多万人口的国家，竟有近百万人迁往美国、加拿大及欧洲其他国家。人民的生活极度贫困，不满情绪在城乡广泛扩散。这一情况，不能不引起瑞典统治阶级的关注。1847 年提出新的《济贫法》，经过了长期辩论之后，于 1871 年通过。1884 年，瑞典议会第一次讨论了社会保障问题。当时无论是自由党人，还是保守党人，都把社会保障措施看作是"缓和劳资关系的一种手段"。[1]

点滴的"济贫"措施，既没有也不可能遏制资本主义制度本身给劳动群众带来的贫困。城市广大无产者赖以同贫困斗争的主要武器，便是自身的团结和组织。从 19 世纪 80 年代起，就出现了许多地区性的工会组织，至 90 年代末，瑞典已成立了 27 个全国性的行业工会，会员人数 6.6 万，约占当时产业工人的 1/4。[2] 1898 年，瑞典工会组织建立了自己的中央机构——瑞典总工会。社会民主党主席雅尔玛·布兰廷在总工会建立时，确定了该党与总工会之间的关系原则，规定两者之间不是领导与被领导的关系，而是"合作关系"。他说："双方互不遏制，而是为了社会解放，互相支持，携手并肩地工作。"[3]

工人组织的这种新发展，震撼了瑞典资产阶级。资产阶级对此迅速做出了回应。1902 年成立了瑞典雇主协会。雇主协会一经成立，便公开宣布其任务是"维护"雇主的利益。

两大阶级及其组织旗帜鲜明。在总工会和社会民主党的影响

---

[1] 夏德巴尔克:《瑞典的社会保障制度》，1981 年英文版，第 3 页。
[2] 佩特森、托马斯:《西欧社会民主党》，上海译文出版社 1982 年版，第 287 页。
[3] 同上书，第 293 页。

下，工人阶级争取政治权利（如争取普选权）和经济利益的斗争加强了。例如，仅1903年和1904年，全国分别发生过罢工斗争109次和169次。企业主在雇主协会的支持下经常采取关厂、停产等手段来对付罢工，对工人群众中间的工会会员特别是工会积极分子采取歧视的态度。在阶级矛盾和冲突激化的情况下，总工会和雇主协会于1906年签订了一项"协议"，即所谓"十二月妥协"。根据这个协议，总工会要求工人尊重企业主指挥生产和分派工作的权力，承认企业主有解雇工人的权力；而雇主协会则承认工人有参加社团（包括工会）活动的权利和跟企业主进行谈判的权利。

但这个"妥协"协议并没有结束阶级间的冲突。1906年和1907年分别发生了罢工182次和289次，工会会员人数从19世纪90年代末的6.6万人增到1909年的23.1万人，约占当时产业工人总数的2/3。为了对抗企业主的停产、关厂和歇业，总工会于1909年领导了第一次总罢工。① 参加罢工者达30万人。可惜，这次斗争失败了。有些全国性工会组织瓦解了，工会会员人数急剧地减少了一半左右。这次失败使工会组织和工会运动受到了严重创伤。一直到1920年以后总工会会员数才恢复到1909年的规模。②

1909年总罢工的爆发与失败，对后来瑞典政治和经济的发展产生了深远的影响。社会民主党认为在资本主义制度结构内进行经济斗争比采取革命方式更为"实惠"。1911年社会民主党代表大会通过的新纲领，采纳了主要由卡尔·林德哈根提出的"人道主义"原则，从而使党和工人运动完全转上了与资产阶级"合作"的改良主义轨

---

① 参阅《苏联大百科全书》中"瑞典"条目；福尔塞巴克：《瑞典的工业关系与就业》，1980年英文版，第6—8页。

② 佩特森、托马斯：《西欧社会民主党》，上海译文出版社1982年版，第286—288页。

道。与此同时,资产阶级及其政府也认为,为了保持"工业和平"和政治安定,必须鼓励工人运动的这个"新"方向,并开始由政府对某些由工人自发组织的互济会(如病休互济社等)提供数额不大的津贴。瑞典议会还在经过长期辩论之后,于1913年通过了"全国养老金法案"。法案规定对全国老人和丧失工作能力者提供社会保障。尽管多数劳动者因保险税高而未能参加,但这毕竟是世界上第一个全国性社会保障计划。[1] 第一次世界大战前,议会还曾就是否实行失业保险、医疗保险等问题进行过辩论。1918年通过了实施"工伤事故保险法案",1919年通过了八小时工作制的规定。瑞典资产阶级和政府把这一切都看作是使爆炸性的劳资关系"降温"的措施。

在20世纪20年代,经济危机带来了群众性的失业和工资的普遍下降;工会组织的力量刚刚从上次挫折中恢复过来,却又因内部思想分歧而出现分裂。这一切,使工会组织与雇主协会相比处于一种劣势地位。这期间有两件事值得一提:一是1928年议会通过了"集体协议法案",规定劳资之间的协议(合同)必须得到双方尊重,在协议有效期间必须维持"工业和平",罢工是非法的;劳资协议具有法律的权威性。二是同年由议会通过了《劳动法庭法案》,规定劳资纠纷应提交给劳动法庭仲裁,不允许任何一方诉诸罢工、歇业或关厂之类行动。这些法案的规定迄今仍是调节工业关系的基本原则。此外,为了缓和严重的失业,瑞典政府举办了一些公共工程,实行以工代赈。

社会民主党在1932年上台执政,它在竞选中曾以"社会改良"的口号争取到一批选票。上台后,首相阿尔宾·汉逊借助于国家干预,推行改良主义路线,在所谓"人民之家"的旗号下,推行所谓福利国家

---

[1] 夏德巴尔克:《瑞典社会保障制度》,1981年英文版,第4页。

的各项政策,以期逐步实现一个庞大的社会福利计划。这项计划大体上有两大方面:一是建立各种保险制度,如失业保险、基本养老金制度、病休保险、儿童津贴(不论家庭收入多少)等等;二是提供各种免费或低费用的社会服务,如教育、医疗、托儿、老年住宅等等。汉逊及社会民主党政府把这个庞大的社会福利计划,标榜为"从摇篮到坟墓"(即从生到死)的福利计划。这个计划在30年代并未能充分实施,而且有些项目(如1934年开始实行的失业保险计划)的经费十分少,近乎徒具虚名。第二次世界大战中断了这个计划的推行。

值得指出的是,社会民主党政府所关注的绝不只是劳动群众的福利,它也同样关注企业主的利益。例如它从预算中拨出巨款来支持私人企业渡过30年代的经济危机和消除危机的后果,特别是提高农产品的价格以增进农业资本家和大地主的利益。所谓"人民之家",是一个资本家与雇工"共存共荣"的家庭。贯穿于它的基本路线与政策的一项原则,便是所谓"阶级合作"。正是从这个基本原则出发,它于1938年极力推动总工会和雇主协会签订了"札尔茨迦巴登协议"。这个协议的基本出发点是,"劳资双方在对各自利益、经验和能力进行现实主义的估计的基础上,力图找出双方利益可以融合的领域"[1]。也就是说,劳资双方应该力求用"和解"、"互谅"的精神来指导各自的行动。协议认为,劳资双方虽有谋求各自利益的自由,但必须承担维护资本主义生产的"共同责任",因而强调提出这种"自由"必须是一种"责任感下面的自由"。[2] 协议的第一章规定成立一个"劳动市场委员会",来处理所有劳资纠纷。可见,"维护"资本主义生产,乃是社会民主党政府一切社会福利政策所维护的最大利益。

---

[1] 转引自福尔塞巴克:《瑞典的工业关系与就业》,1980年英文版,第10—12页。
[2] 同上。

战后,社会民主党政府积极推行被战争中断了的社会福利计划。战后社会福利设施的推行,有以下几个重大发展:(一)就早在第一次世界大战以前就已初步确立的养老金制度来说,实际上缴纳得起保障税的只是那些有相当薪金收入的公职人员和私营企业雇员。政府曾多次试图把这个制度扩大推行到体力劳动者中去,均未成功。经过战后长时期,特别是50年代中期的热烈争论,议会决议自1960年起除对全体老年人实行基本养老金制度外,还对退休老人实行补充退休金制度。(二)1955年把医疗保险制度扩大到全民,与此同时,既赋予各地方政府以经营医疗服务事业的责任,也赋予它们征收税收以筹集经费的权力。社会民主党政府还在70年代初实现了制药厂和零售药房的国有化。(三)60年代中期政府完成了建造100万套住房的计划并于1969年进一步改进了住宅津贴制度。(四)70年代中期失业保险(或失业救济)制度广泛地推行了,把对病休职工的现金补贴进一步提高到工资的90%。(五)把劳动者的一部分社会保险税转由企业负担。总之,在战后期间,瑞典政府推行了一套相当完备的社会福利设施,这套设施使其他西方国家相形见绌。无怪乎战后以来,瑞典一直被西方统治集团及报刊称为"福利国家"的"橱窗"、"第三条道路的楷模",以及对马克思主义的"严重挑战"等等。

然而,这些设施的推行,也给现代资本主义的发展带来了一些"新"现象。是哪些新现象,造成了什么样的后果,以及如何认识这些问题,这一切在瑞典经济理论中的反映又如何,我们将在下面各章一一论述。

第二节 全国的"医疗保险"制度

早在19世纪80年代,瑞典的一些工业区开始出现了由工人在自愿基础上自发地组织起来的"医药互济社"。90年代初政府开始对经注册登记的医疗互济社给予少额津贴。20世纪以来，在政府的部分资助下，自愿的医药互济社虽然增加很快，但参加互济社的人数却不很多。于是，1947年议会通过了一项实施人人必须参加医疗保险的制度的立法。由于准备工作耽搁了一些时日，这项全国性的医疗保险计划，直至1955年才付诸实施。1974年瑞典政府把牙病治疗也纳入医疗保险计划中来。

（一）全国医疗保险计划的主要内容

全国医疗保健事业，原由中央政府举办，20世纪60年代中期后改为由地方政府举办。举办医疗保健服务，已成了各地方政府最重要的一项任务。医疗保健方面的经费开支，约占各地方政府财政总支出的一半多。中央政府下设的卫生与社会事务部和全国卫生与福利局，只是对各地医疗保健工作进行方针性的指导和业务上的帮助与监督，此外，还负责组织医学科研工作和指导医学教育工作。至于医疗保险业务，则由各地方社会保障部门经办；它们主管与监督医疗费用的开支以及病休津贴、家长津贴的发放等。各地方社会保障部门受全国社会保障局的指导。此外，还在中央一级设立全国社会保障最高法院，各地均设有社会保障法院，受理包括医疗保险问题在内的一切有关社会保障的诉讼。

全国医疗保险计划的主要内容有两个部分：(1)医药保证；(2)病休津贴和婴孩、病孩的家长津贴。现分别介绍如下：

1. 医药保证。根据规定，政府向全国居民和外籍居民提供医疗服务和医药保证。几乎全部医疗卫生事业（医院、诊所和药房）均由政府（主要是地方政府）举办，私人开业医生只占全国医生人数的5%，且多集中在几个大城市。按全国行政区划划分医疗服务区，设有地区医院、省医院、地方医院及门诊所等,每个居民均按居住地区到指定的医疗单位就诊。

在瑞典,按法律规定,一家人只要有正式收入的家庭成员将收入的12.8%交纳医疗保险税,全家均可在被指定的公立医院享受免费医疗待遇。

去医院或门诊所就医者只需交纳挂号费和少许药费。各省、市规定的挂号费标准不同,一般每次25—30克朗。许多省、市规定,每人一年只需交五次挂号费,第六次以后免交挂号费。药费和医疗处理(包括接受手术)费在10—40克朗之间者,病号付50%;在40克朗以上者,病号最多只付40克朗,但如果是抢救性医药费则全免。诚然,病号所要付的挂号费及药费数额很低(相对其工薪收入讲),只是象征性的。住院病人每天也交30克朗,相当于挂号费,免交伙食费及住房费。无论是门诊或住院病号都不能自行选择医院或医生,但他们在享受医疗服务方面是"平等的"。医院设备一般都较先进和完备,据报道,每1,000名居民拥有17张病床。1974年医疗保险扩大到牙病诊疗。凡拔牙镶牙费用在1,000克朗以下的,患者付一半;超过1,000克朗的只付1/4。16岁(有的地区规定18岁)以下者治牙免费。

门诊病号一般先在本居住区的基层医疗中心就医。每5,000—50,000名居民区设一所基层医疗中心,下设一个以上医务所以及一个以上专门护理本区长期病号的护理所。一些学校、工厂也设有专门医院或医务所。如果基层医疗单位对一些病号不能提供充分检查、诊断或医疗的话,它们便将病号转入地方医院、省医院或地区性医院。

省医院的责任是受理病危病人或需要较复杂技术处理的病号。每20万—30万居民区可设立一所包括有15—20个科室的省中心医院,通常每省一所;此外,还设有专科医院,如儿童医院、妇产医院、精神病院等。每6万—9万名居民区设地方医院一所,每个地方医院至少设有内科、外科、放射科和麻醉科等四个科室。

地区医院的责任是为那些需要特殊设备、复杂技术或多科高级专家会诊的病号提供服务。全国共分六个医疗地区,每个地区设一所地区医院,向本地区100多万名居民提供医疗服务。它的活动是由本地区各省政府签订的协议规定和加以调节的。

在瑞典现行的医疗制度下,挂号看病时排长队的情形也经常出现。许多人怕耽搁时间,便找医生业余进行私人诊疗。据统计,全国门诊病人中有17%便是找医生在业余时间进行诊疗的。

在60年代,不少医院的医生,特别是有经验的医生,都利用业余时间搞私人营业,有时也利用公家设备。私人诊疗的收费较高。社会民主党反对这种现象,想取缔业余行医,但遭到许多医生,特别是老医生的强烈反对。

2. 病休津贴和婴孩、病孩的家长津贴。瑞典全国社会保障局还给生病的职工提供所谓现金补助作为病休津贴,以补偿其因病而损失了的工薪收入。病休津贴,一般相当于工资的90%(按天计),但最多不能超过相当于年收入12万克朗(约合2.8万美元)的日补助或月补助,最低不能低于年收入6,000克朗。如因病全休便领取病休津贴的全部数额,半休便领取一半。

职工生病一旦不能上班,最紧要的事便是立即(不过夜)向当地社会保障局报告,这样便可从第二天起计算病休津贴。病休超过一周者必须向该局提出医生的证明。

社会保障局还为生育、护理婴儿和护理病孩而给父母提供家长津贴,孕妇可以在分娩前一个月停止工作并领取家长津贴。婴儿出生后,父母可分享六个月的护婴假(由父母商定各享多长假期),并领取家长津贴,其数额与病休津贴相同,最多不超过原工薪收入的90%。此外,父母在孩子出生至入学前的任何时间还可分享6个月的假期,并领取特别家长津贴,其中三个月的津贴数额,相当于病休津贴,其余三个月的津贴,则只相当于它的25%—50%,具体视父母的收入状况而定。如果12岁以下的孩子生病,父母任何一方均可请护理假,并向当地社会保障局领取家长津贴,其金额也和职工自己的病休津贴相同。按规定,凡有一个不满12岁的孩子的家庭,每年均可领取两个月的家长津贴。

值得提及的是,无论是病休津贴,还是家长津贴,由于其数额均可高达原工薪收入的90%,故这些津贴也和原工薪收入一样,须按照法定的税率缴纳所得税以及各项保险税。

(二)地方政府在医疗保健事业中的作用与负担

在1977年瑞典医疗保健支出的316亿克朗中,有74%(即234克朗)来自地方政府,消费者直接解囊支付的费用不到10%(见表2-1)。战后期间,随着医疗费用的主要负担从中央政府转移到地方政府身上,地方政府的医疗经费开支增长很快,如以1950年地方政府的医疗费用开支为100,则1960年为301,1966年为690,1970年更增到13,940。地方政府既承担了医疗经费的主要部分,同时也被赋予征收医疗保险税并确定其税率的权力。目前每个家庭中有正式收入的成员,都要按月缴纳医疗保险税。十分明白,所有医疗费用开支,最终都来自人民的口袋,只是有的直接些,有的迂回些。

表 2-1 1977 年瑞典医疗保健支出

单位:百万克朗

	经费支出来源				
	地方政府	中央政府	消费者	社会保险系统	合计
公家医院和医生	23,413	300	822	1,951	26,486
私人医生	—	—	382	211	593
私人牙医	—	—	482	1,000	1,482
院外药剂	—	—	746	1,694	2,440
杂项	—	—	610	—	610
合计	23,413	300	3,042	4,856	31,611

资料来源:伊格玛·斯托尔:《平等与效率能结合吗?》(1979 年研究报告)。

值得注意的是,长期以来尽管瑞典人口很少增长,但医疗保健开支却增长很快。仅在 20 世纪 70 年代这十年间,GNP 只增长了 1.7 倍,而医疗保健开支竟增长了 2.5 倍,它在 GNP 中所占的比重从 1970 年的 7.3%增长到 1979 年的 9.5%(见表 2-2),而在 1960 年它只占 GNP 的 3%。

由于保健费用的开支不断增长,人们所缴纳的医疗保险税越来越不敷支出。地方政府只得不断提高医疗保险税率,从 1960 年的 4.5%提高到 1981 年的 12.8%。即使如此,目前仍只够补偿医疗费用的 60%左右,其余全靠中央财政以及其他来源的"资助"。[①]

[①] 瑞典研究所:《瑞典实况简介:医疗保健制度》,1981 年版。

表 2-2　1970—1979 年瑞典国民生产总值及医疗保健费用

（按当年价格计算）　　　　　　　单位：十亿克朗

年份	1970	1971	1972	1973	1974
国民生产总值	169.9	184.6	201.9	224.7	254.3
医疗保健费用（包括投资）	12.4	14.1	15.5	16.9	19.6
医疗保障费用占 GNP 的比重（%）	7.3	7.6	7.7	7.5	7.7
年份	1975	1976	1977	1978	1979
国民生产总值	298.8	339.2	367.5	409.1	456.0
医疗保健费用（包括投资）	24.0	28.2	34.0	38.4	43.1
医疗保健费用占 GNP 的比重（%）	8.0	8.3	9.2	9.4	9.5

资料来源：瑞典《国民收入核算》，1980 年 4 月号。

除了上述医疗保健费用的增长之外，各项医疗保险开支（病休津贴和家长津贴）也迅速增长，甚至增长得更快。据统计，医疗保险项目下面的各种津贴，从 1970 年 26.62 亿克朗，增加到 1979 年的 124.24 亿克朗（见表 2-3），即增加了 3.7 倍，即使扣除了通货膨胀因素，这一增长也十分触目。

医疗保健费用和医疗保险项目下的各种津贴增长如此之迅速，在瑞典引起了广泛的重视。据瑞典经济学家的分析，有下列一些原因：

表2-3　1970—1979年瑞典医疗保健项目下的各种津贴

单位：亿克朗

年份	1970	1971	1972	1973	1974
金额	26.62	28.61	29.80	31.57	66.60
年份	1975	1976	1977	1978	1979
金额	80.05	98.28	107.40	117.48	124.24

资料来源：本特·约森：《医疗保健费用的趋势与决定因素》(1981年研究报告)，第11页。

1. 人口老年化。瑞典每年支付在医疗保健方面的费用，如按不同人口年龄来分析，可看出，年龄越大所花费的医疗保健开支也越大。据1976年统计，14岁以下儿童每人每年医疗保健费用约1,200克朗，15—24岁每人每年约1,800克朗，25—34岁每人每年约2,000克朗，35—44岁每人每年约2,300克朗，45—54岁每人每年约2,800克朗，55—64岁每人每年约3,400克朗，65—74岁每人每年约5,300克朗，75岁以上每人每年约高达13,000克朗。① 在瑞典，人口老年化的趋势很明显，据统计，65岁以上老年人口数在1975年是125万，到1980年增加到135万人。全国人口中，老年人的比重从1975年的15.1%，提高到1980年的16%，预计1990年将进一步提高到16.8%。据瑞典隆德大学著名经济学家伊格玛·斯托尔教授统计，医疗保健费用中约有50%是用在占人口16%的65岁以上的老人身上；如按病人住院天数计，则65岁以上的老人占全国住院天数的65%。斯托尔说，由于全国医疗保健费用约耗去GNP的10%，而其中一半用在老年人身上，即65岁以上老人的医疗保健费用耗去5%

---

① 本特·约森：《医疗保健费用的趋势与决定因素》(1981年研究报告)，第14页。

的 GNP。①

2. 医疗保健服务的成本增长迅速。医疗保健服务的"供给",取决于以下几种主要投入:人员、建筑和设备、药品和杂项开支。这几种投入的消耗构成了医疗保健服务的成本。在医疗保健服务的成本中,人员是最大的一项投入,它的费用约占到总成本的70%。其他投入的情况是:建筑和设备占7%,药品占7%,杂项占16%。近二十年来,医疗保健部门中的就业人员增长十分迅速:1960年是11.5万人,占全国职工总数的3%;至1980年增到40万人,约占全国职工总数的9%左右。而且,这些部门中兼职工作者增长特别迅速。若把这部分人也包括进来,则医疗保健部门就业人数在1980年便达到59万人。在人员增加的同时,每周工时数都从60年代每周45小时减少到70年代的每周40小时;如考虑到卫生部门中兼职工作者雇佣最多,则该部门职工每人每周的工时数在1980年实已降到36.2小时。②

表2-4告诉我们,在20世纪70年代的十年间,医疗保健部门的就业人数连年增长,如以1970年为100,则1975年便达到131,1979年更臻至165,即比1970年增长了65%,而全部工作小时数则十年间只增加了38%。在这十年间,该部门的工资和奖金的平均水平,如按每人时计,几为1970年的三倍。这些因素,促使瑞典医药保险费用迅速增长。至于医疗保险费用迅速增长的情形,下面几个数字可以为我们提供一个比较清晰的概念:与1970年相比,1978年全国病人住院天数只增加2%,挂号和看病人数也只增加13%,药品的价格水平还略有下降,而医疗保健费用开支却增加了37%。这说明

---

① 伊格玛·斯托尔:"瑞典的社会保障制度",刊《世界性社会保障制度危机》,1982年英文版,第105页。
② 北欧公共卫生学院:《关于医疗保健费用的报告》(1982年),第9页。

费用(成本)增加了。另一方面产出又减少了,拿1970年和1978年两年情况相比较,全国医生人数从10,560人增加到16,315人,病号人数从1,930万人次增加到2,180万人次,平均每名医生诊病人次从1,830人次减少到1,340人次。这表明医疗保健部门的效率与效益都有相当程度的下降。①

表2-4 1970—1979年瑞典医疗保健部门从业人数、工时和工资增长率(%)

年份	从业人数	工作时数	每人的工资
1970	100	100	100
1971	109	105	111
1972	116	108	123
1973	118	109	135
1974	125	113	158
1975	131	117	188
1976	140	123	211
1977	147	127	252
1978	158	133	270
1979	165	138	295

资料来源:本特·约森:《医疗保健费用的趋势与决定因素》(1981年研究报告),第17、20页。

瑞典经济学家在讨论医疗保健费用增长问题时,还谈到了以下一些原因:(1)随着妇女就业增多,照顾家庭的时间大大减少了,儿童的医疗费用也增加较快。(2)采取了大量技术上比较先进但费用昂

---

① 本特·约森:《医疗保健费用的趋势与决定因素》(1981年研究报告),第17—18页。

贵的医疗设备和器械。(3)政治家们为了竞选拉选票,总愿竞相在医疗保险等社会福利设施方面做出"过多的"许诺。而福利设施和工资标准一样具有所谓"刚性",即一经设立或提高,就很难降低下来,更毋谈取消。

上述种种因素,只是被用来说明医疗保健费用的增长,但解释不了前面所说的与医疗保险相联系的各项津贴为什么会如此大幅地增加,即从1970年的26.62亿克朗增加到1979年的124.24亿克朗。难道真的是发病率年年迅速增加吗?难道是在医疗保健开支日增的情况下,人们的健康状况日趋下降吗?大多数瑞典经济学家认为,瑞典人民的健康状况几十年来不但没有下降甚至有所改善。既然如此,那么为什么对医疗服务和病休还会有这么大的需求呢?他们认为,一个重要原因是,一名职工如果"泡病号"或声称请假照顾病孩,他所获得的收益(90%的津贴和"闲暇")大大超过他为之付出的价格(或代价,即损失10%的工资和30克朗挂号费)。瑞典著名卫生经济学家本特·约森说:"影响对商品或服务的需求的主要因素,乃是价格与收入。真的,消费者为医疗服务所支付的价格太低了,而整个社会还得替他偿付一切费用。"[1]这说明在这个所谓福利国家里,医疗保险制度在一定程度上滋长了"吃大锅饭"的社会"病态",损害了人们的工作积极性和社会责任感,损害了工作效率和经济效益。据统计,瑞典全国职工平均每人每年的病休天数,已从1955年的11.3天增加到1977年的23.5天。病休缺勤率之高,在欧洲首屈一指。瑞典隆德大学经济学教授拉斯·乔南告诉我,就在该校医院里,超编人员经常达1/5之多,因为经常有1/5的工作人员请病假或请假照看病孩。这虽是突出的案例,但也绝不是绝无仅有的个别现象。据

---

[1] 本特·约森:《医疗保健费用的趋势与决定因素》(1981年研究报告),第12页。

说,缺勤、纪律松弛等现象已侵蚀了瑞典经济的机体,雇佣工作者以补充缺勤人员的现象比比皆是,而在医疗保健部门的雇佣人员达59万人,其中主要由于弥补缺勤而雇佣的兼职工作者占该部门就业总数的 1/3,约相当于正式职工人数的 1/2。这种现象,是十分令人触目的。

还值得提及的是,瑞典不少经济学家,特别是一些卫生经济学家,不仅把医疗卫生事业当作一种人道的、慈善的、福利的事业,而且也把它当作一种经济事业看待。他们认为,应该核算成本,讲究效益,医疗服务也应"按质论价"。他们还广泛地讨论了与医疗保健、医疗保险相关的经济问题,特别是它们的投入与产出(或成本与效益)问题。例如:

1. 在研究整个医疗卫生事业的成本问题时,他们不仅讨论了它的直接成本,即医疗卫生部门在提供医疗服务方面的一切开支,而且研究了一系列的其他成本:病休津贴和家长津贴的开支,因病休(或病孩)而请假缺勤使生产(或工作)遭受的损失,病号因排队候诊而遭受的时间损失,以及与医疗保健的投入相联系的社会机会成本(social opportunity cost)等等。

2. 在研究整个医疗保健与保险费用的产出问题时,他们着重讨论了用什么指标来表现这个产出的问题。战后以来,医疗保健与保险费用的开支迅速增加。但它的产出应如何考察呢?医疗机构和设备发达了,人们的健康水平无疑地提高了,疾病减少了。据此,是否可用全国职工每人每年"平均病休天数"作为一个主要指标,来表示医疗保健与保险费用的效益呢?可是,每人平均病休天数却从1955年的 11.3 天增加到 1977 年的 23.5 天。显然,这个指标不能反映真实情况。有些人提出用死亡率的下降来表示,特别是一岁以下婴儿死亡率下降很快,从 1950 年的 2.1% 下降到 1960 年的 1.6% 和 1976

年的 0.8%。也有人提出用寿命的延长来表示这些费用的产出。据统计,在 1969—1975 年间,男子平均寿命从 71.49 岁增加到 72.07 岁,女子平均寿命从 75.45 岁增加到 77.65 岁。一般说来,死亡率的下降和平均寿命的延长,可以部分地反映医疗保健与保险费用的效益。可是,死亡率的下降或平均寿命的延长,对于经济的增长和社会的进步究竟起了多大的作用呢?应该用什么指标来表现这个作用以及用什么方法来计量这个作用呢?有些瑞典经济学家正在进一步探讨。

3. 尽管瑞典政府曾努力吸引更多的医生去农村服务,但据安德森的考察〔《瑞典与美国的医疗服务》(1970)〕,其努力是很不成功的。城乡之间医疗条件的差别还不小。据统计,在三大城市(斯德哥尔摩、马尔默和哥德堡)中,每 10 万居民有 203 名医生,其他城镇只有 151 名医生,乡村仅 26 名医生。乡村地区一般只有诊所和简易医院。乡村的死亡率比城市要高,而且乡村老年人占很大比例,对医疗的需要更大。然而,瑞典的乡村空阔,人口稀少,而且居住分散。是否应该和在城市那样也在乡村广泛地建立起具有先进医疗设备的医院呢?一些瑞典经济学家认为,这样做,虽可缩小城乡之间医疗条件的差别,但全社会医药资源使用的效益却大大降低了,因为先进设备利用率大大低于城市。这是在医疗服务领域内的一个有关城乡"平等"与"效率"的抉择问题。

4. 尽管一方面医疗卫生事业的费用不断扩大,但另一方面每人每年平均病休天数却仍不断增加。许多经济学家对医疗费用如此迅速增长表示疑虑。然而,一些政党和政府的官员却不愿提出减少医疗保健与保险费用开支的问题,担心会因此失去一些选民的支持。他们强调的是如何提高这些费用的"合理化"使用程度。全国卫生与福利局的计划处负责人在 1970 年发表了一个官方见解:"健康是美好生活中的基本因素。如果一国的人民健康状况不佳,必将损害社会生产的发展。人民完全懂得:由于医药的进步,医疗设施总是会为他们增进福利,因而他们不断地要求增加医疗服务。""重要的问题,不是要压缩这方面的费用开支或控制它的增长,而在于如何使这些费用的使用尽可能合理化。"①然而,如何理解合理化,它究竟意味着更多的平等,抑或意味着更高的效率呢?这些问题,都还存在着分歧意见,还有待进一步研究。

顺便提一下,我国社会主义的公费医疗制度,无论就其性质与内容讲,都与瑞典的医疗保险制度有着根本的区别。然而,瑞典经济学家们把医疗保健看作既是福利事业也是经济事业的观点;他们坚持用成本—效益的分析方法来分析医疗保健事业与保险事业的观点;他们关于医疗保险制度下所出现的低效率、高耗费之类的"吃大锅饭"问题的研究,对于我们开展社会主义卫生经济学的研究,改进我国医疗保健事业的素质,提高其效益,是有一定参考价值的。关于这个问题,我曾在《人民日报》发表短文谈过初步想法,②这里就不多谈了。

第三节 对老年人的社会保障制度

(一)基本退休金与补充退休金

对老年人实行社会保障制度,特别是举办退休与养老设施,是瑞典战后以来实施的另一项重大的社会福利设施。

---

① 转引自林德格伦:《瑞典的医疗服务事业》,瑞典1970年英文版,第23页。
② 拙作"医疗卫生事业与医疗保险制度",刊《人民日报》1985年2月15日。

瑞典对年过 65 岁的老年人实行退休与养老制度。退休者领取的退休养老金包括两大部分:基本退休金和补充退休金。人们也可以提前在 60 岁退休,但只能领取部分退休金。社会保障制度,亦由全国社会保险部门管理。

1. 基本退休金。根据 1946 年议会通过、1948 年付诸实施的全国退休金法案的规定,所有 67 岁(1976 年改为 65 岁)以上的公民,均可按月从地方社会保险部门领取一定数额的退休金,而不论他们退休前的收入水平如何。这就是基本退休金。在 50 年代,大多数白领工人不满足于领取这种平均主义的基本退休金,要求在提供"基本保证"之外,还应有一个能反映过去技能、劳动和收入等方面差别的"补充"部分。通过长期的辩论与斗争,终于在 1959 年由议会通过了关于补充退休金的规定,于 1960 年付诸实施。

基本退休金与补充退休金的区别是:前者是对每名退休老人提供的基本生活保证,每名退休老人所领取的退休金金额是相同的,与退休者在退休前的工薪收入水平无关;而后者则只与退休前工薪收入水平相联系,反映退休者过去在技能、劳动、收入方面的差别。

每名退休者均有权按月领取数额相同的一份基本退休金。为了缓和通货膨胀的影响,以保证老年人实际物质生活水平,便规定基本退休金按一种依实物指数而定的折算单位来计算,每月由政府宣布一个折算单位值多少克朗。故基本退休金的基本折算单位的价值各年各月均不同(见表 2-5)。

按规定,一个单身退休者的年基本退休金是 0.95 折算单位,按 1981 年年收入约合 15,300 克朗;一对夫妇基本退休金总额是 1.55 折算单位(即每人 0.775 折算单位),按 1981 年年收入约合 24,960 克朗;如抚养有一个 16 岁以下的孩子,则还可增 0.25 折算单位,按 1981 年计为 4,025 克朗。上述标准适用于一切退休者,不论其退休前的工作、职位与收入水平如何。

表 2-5　瑞典一个折算单位的价值(年平均)

单位：克朗

年份	金额	年份	金额
1960	4,200	1975	9,000
1965	5,000	1979	13,100
1970	6,000	1981	16,100

资料来源：瑞典研究所：《瑞典实况简介：对老年人的照顾》，1981年。

2. 补充退休金，按现行规定，凡退休前一年工薪收入在7.5个折算单位(在1981年约合120,750克朗)以下者，退休者除了可领取基本退休金之外，还可领取补充退休金。每个人的补充退休金有多少呢？一般来说，相当于退休前15个最高收入年份的平均年收入的60％。基本退休金已固定为0.95折算单位，而补充退休金数额的大小便依退休者过去的工薪收入水平而定。不过，只有加入这项保险计划并缴纳保险税达30年者，才有资格在退休后领取到充分的补充退休金。补充退休金制度是从1960年开始付诸实施的，也就是说，只有在1989年达到退休年龄(65岁)的人，才能为它纳足30年的税金。换言之，只有1924年以后出生的人才能满足这一条件。不足30年者，少一年便减少1/30的补充退休金金额。举例说，如一名职工退休前工作了40年，其中15个收入最高年份的平均工资为85,000克朗，则其充分的补充退休金额应为51,000(85,000×60％)克朗。这名职工自1960年就开始缴纳税金，可是他是1923年出生的，至1988年退休时只缴纳了29年的税金，则他退休后便没有资格领取充分的补充退休金，须扣除1/30，即一年只能领取49,300(51,000×29÷30)克朗的补充退休金。因此，如按照这项规定执行，则目前劳动队伍中有相当数量出生于1924年以前的老工人将没有资格在退休后领取充分的补充退休金。许多职工对此表示强烈不满。后来政府和全国社会保险部门又采取了一项通融办法,即认可凡在1913—1923年出生的职工退休后也可以领取充分的补充退休金。他们把这一部分职工作为一种"历史性的例外情况"处理。

不仅如此,为了对那些无权取得充分补充退休金或只能取得部分补充退休金的退休者进行"补偿",自1969年起还设立了"一般补助金"。计算方法是:以1969年为起点年,每年增加3%的折算单位作为一般补助金。这样,一个有资格领得这个一般补助金的退休者,在1969年可得到3%折算单位的一般补助金,1970年可得到6%折算单位的一般补助金,10年后(即1978年)便可得到33%的折算单位的一般补助金。据称,设立一般补助金的目的是要"熨平"新老退休职工之间收入的"不平等"。

目前,退休年龄一般规定为65岁。由于总工会强烈要求让职工个人选择自己退休的时间,同时雇主协会也因失业增长而不反对职工提前退休或部分退休,因此,自1976年起便对退休年龄实行了比较灵活的安排。政府规定:凡年满60岁的职工均可选择自己的退休年龄;可以做兼职工作,除领取部分工薪外,还可领取部分退休金;每周工作时间至少必须保持在17个小时以上,但比退休前至少得减少5小时;部分退休金的数额,相当于因减少工时而损失掉的工薪收入的65%。这种安排很受群众欢迎。在该项安排实施的第二年(即1977年),4.8万名的新退休者中就有2万名退休者是在65岁以前退休的。

按照规定,所有退休金收入原则上都应该缴纳所得税。但一个只领取基本退休金,或虽也领取少量补充退休金而其年收入不到9万克朗者,可获得免税或减税的待遇,而且可申请住房津贴或者退休金补贴等。按规定,这种退休金补贴相当于45%的基本退休金。在

1982年,一名单身老人的一年基本退休金再加上退休金补贴约合21,896克朗(即1,825克朗一月)。

无论是基本退休金还是补充退休金,其基金来源主要来自他们缴纳的保障税,采取的是按月从工资中扣除的办法。按规定,在一名职工名下一月为基本退休金基金缴纳的保障税相当于其月工资的8.4%,为补充退休金基金缴纳的保障税相当于其月工资的12.25%。过去长时间内,"保障税"成了广大劳动者身上的一个沉重负担。经过长期谈判,自1975年起,这笔税改由企业主负担。但企业主绝不愿减少利润收入,便把这笔税务支出列入企业的经营成本,通过产品的成本与价格上涨,这笔税负仍落在广大劳动群众身上。

(二)对老年人的照顾、服务及有关问题

对老年人除了提供基本退休金、补充退休金、一般补助金等外,还提供一些特别的帮助,主要有住宅津贴、家庭服务、养老院等。由于住宅津贴所提供的对象不限于老年人,还包括许多家庭,故留待后面加以专门介绍。这里只着重介绍给老年人提供的家庭服务和养老院等设施。这些设施提高了老年人的实际收入水平。

瑞典各城市政府的社会福利局负责举办对老年人的多种服务项目,其中最重要的是家庭服务。家庭服务包括室内清洁、烹调、洗衣以及其他一些生活上的服务。提供服务的时间可以是白天,也可在晚上,例如服务部门可以应电话要求派人去家里照顾临时发病的老人,可以派人替老人去医院排队挂号和送老人去医院看病。服务项目还可包括:帮助老人锻炼身体、借还图书、购买食品、扫雪、理发、洗澡。据统计,1979年瑞典共有从事家务服务的服务员7.1万人,给30.4万老人提供了各种服务。服务部门也收取服务费,但各地收费标准不一。此外,许多城市在一些地段和街道设立了"老年人活动中

心",既提供一些服务项目,也给老人提供阅读、娱乐、举办生日庆祝会的场所。另外,火车、地铁、公共汽车、航空、影院、剧院等,都给老年人以优待票价。

各城市还举办了养老院。我访问过几所养老院,例如,隆德市市郊的林百克养老院,是一所条件较完备、收费较高的养老院。该院工作人员约55人(包括20多名半日工作者),共收养了119位老人,其中男性仅25名,成对夫妇仅四对,平均年龄为87岁,最老的有百岁(我参观时在走廊上遇到三位98—99岁的老太太,她们行动并无困难)。单身老人每人一小间卧室,约12—14平方米,每间只附有洗面设备而无洗澡设备。家具简单,电视机要自备。这所养老院的建筑是一座四层楼房,厨房、医务所、理发室、小卖部、会计及行政办公室均设在一层。老人们均住楼上。餐厅设在二层。各层均有小厨房和电炉供老人自己煮咖啡和烧水。一日三餐,下午四时左右有一次喝咖啡时间,老人一般在餐厅用膳,也有的在自己卧室用膳。每层均有咖啡室、电视室、公共浴室、电话室、会客室、读报室、文娱室、健身房、工作室等。所谓工作室是专为一些老人自己乐意干一些手工艺、编织、木工、绘画等而设置的。每层都有几个工作室,内有几台木制织布机、木工工具及其他各种工具。有些老太太在织毛衣或织台布,有的老爷爷在做各种儿童玩具,有的在绘画。他们的产品不供出售,常作为礼物送给附近幼儿园。工具和原料均由养老院供给。养老院有一个小型图书馆,还有一座可容百人的电影厅。老人可租用电影厅举行生日招待会或其他喜庆活动。大楼旁有一座小招待所,供外地来探望老人的亲友住宿,但收取费用。每天有班车进城,老人可搭车来回。

这里给老人提供多种服务:打扫、洗衣、助浴、理发、读报、代写书信、代邮、代购等。医务所有高级护士六人照料老人的健康,区医院医生每周来两次。区图书馆每周派人来一次,开来流动图书车。行动不便者,每天有服务员用轮椅推出户外活动几次。

住进养老院的老人,必须对养老院提供的各种服务付费。据林百克养老院院长说,他们收费较贵,每位老人一天缴费150克朗,从自己的退休金中扣除;而养老院实际上每天在每位老人身上所花费的费用在300—330克朗。该院必须依赖地方政府和地方社会保障部门的津贴。

跟美国和其他一些西方国家相比,瑞典的老年人在物质生活方面获得了较好的社会保障。在瑞典街头见到的老人都是衣冠楚楚,跟在美国街头看到的情形不同。但是许多老人感到他们最大的"不幸"是"孤独"和"寂寞"。林百克养老院的一位老人告诉我,他73岁,身体尚健康,他的女儿和外甥在外地,四年前在妻子去世后才卖掉住房移入养老院。他对这里的生活还满意,只是"太寂寞"了。他很想和年轻人、孩子们待在一起,特别是愿和亲人待在一起。他说,他女儿每年来看他一次,那一两天是他一年中最愉快的时刻。他说,他每天在养老院看到的人都是垂暮之年的人,多数人生活不能自理,使人觉得这里的世界是一个"正在死亡中的世界"。他说,他经常乘班车进城,并不是为了采购或访友,只是想看看街上匆忙的行人和公园里活泼的孩子,那里的世界充满了生机和活力。而养老院的一切,似乎时刻都提醒着他:"墓碑就在你前面不远处。"所以,尽管在这里基本生活已获得保证,但老年人问题仍然是一个深刻的社会问题。

20世纪70年代中期以来,养老金的支付以及与老年人福利开支相联系的一些问题,在瑞典经济学界以及社会各界,引起了广泛激烈的讨论。讨论的问题主要是:

1. 青壮年(65岁以下)和老年两代人之间的收入再分配问题。瑞典的福利设施使老年人享有较高的福利待遇,即老年人实际的消费超过了他们的退休金所能够达到的消费水平。据统计,老年人住医院的天数多,住院一天只付 30 克朗,而实际成本(包括医疗、药物、房屋设备、伙食等)是一天 500—600 克朗。我们前面还提到隆德市林伯克养老院一天花在每位老人身上的是 300—330 克朗,而每位老人一天只付 150 克朗。那么,究竟各项社会福利设施给老年人提供了多少收入与消费呢?表 2-6 告诉我们,1979 年各项社会福利设施给占人口 16% 的老人提供的消费(包括退休金收入)计 760 亿克朗,占该年个人消费总额(私人消费与公共消费之和)3,400 亿克朗的 22.4%。老年人只付出税金和费用 100 亿克朗,却享得了 760 亿克朗的消费(包括收入)。据统计,1975 年一位 65 岁的退休者所享有的基本退休金,相当一个拥有价值 20 万克朗财产者的收入;而全国只有 12% 的居民户拥有价值 20 万克朗的财产①。一些瑞典经济学家认为,这意味着一部分收入或消费从现时劳动者那里转移到目前已不工作的老年人身上了。他们提出,目前这一代工人究竟是否愿意减少他们一定的私人消费以确保老年人的这种消费水平呢?尽管他们所谈的不是阶级之间、贫富之间的再分配问题,而是两代人之间的再分配问题,但这也的确是个值得研究的问题。

表 2-6　1979 年社会给 65 岁以上老人提供的收入及福利待遇

单位:十亿克朗

基本退休金	住房津贴	补充退休金	医疗保健开支	地方服务开支	协议养老金	老人收入及福利待遇总额	老人纳税及付费
24.0	4.0	13.0	20.5	8.0	6.5	76.0	10.0

资料来源:《世界性的社会保障危机》,1982 年英文版,第 114 页。

---

① 《世界性社会保障制度危机》,1982 英文版,第 115 页。

2. 养老金基金的危机。补充退休金的基金来源,是职工缴纳的保障税,即用目前正在工作的职工所缴纳的保障税收入,来给退休者支付退休金。事实上,自1960年实施补充退休金制度以来经常出现入不敷出的窘境,迫使社会保障当局不断提高保障税税率,从1960年的3%提高到1965年的7.5%、1970年的10.0%,以及1982年的12.25%。目前,由于有一部分退休者并未能领取到充分的补充退休金,故保障税的收入尚可应付补充退休金的支付。但随着该制度的实行,愈来愈多的退休者将领取全部退休金,再加以人口的老年化,势必形成这种局面:老年人相对增多,而他们的养老金则靠相对减少的劳动人口所缴纳的保障税来支付,入不敷出的情形将日趋严重,保障税率势必将不断提高。这就是人们通常所说的"社会保障制的危机"。斯托尔对此做了如下的一个估计(见表2-7)。

表2-7 1980—2010年瑞典社会保障税税率预测

年度	劳动人口即缴纳保障税人数（百万人）	补充退休金领取者人数（百万人）	劳动人口为退休者的倍数	为支付退休金而应缴纳的保障税税率(%)
1980	5.015	0.611	8.21	9.5
1985	5.077	0.893	5.69	13.6
1990	5.102	1.051	4.85	17.5
2000	5.189	1.141	4.55	22.1
2010	5.132	1.260	4.07	28.4

资料来源:《世界性社会保障制度危机》,1982年英文版,第107—109页。

按表2-7计,到2010年缴纳保障税者是513万人,而领取退休金者126万人,二者之比从1980年8.21倍降到2010年4.07倍;为支付126万人的退休金,将必须把513万人缴纳保障税的税率提高到28.4%。要求青壮年劳动者每年拿出1/4还多的收入去奉养退休的老年人,势必遇到日益强烈的阻力与反对;如不提高税率,则无力给退休老人支付退休金,对老年人实行的社会保障制势必崩溃,其后果之严重,不言而喻。这个问题在美国、意大利、法国等许多国家都存在,是一个世界性问题。而瑞典是问题最尖锐的国家之一,这已在瑞典引起了广泛的忧虑。

第四节 对失业的救济与帮助

自1932年社会民主党执政以来,特别是战后以来,瑞典政府除了实行所谓"充分就业"政策以期保持低失业率之外,也通过实施失业保险(或救济)制及其他政策,对失业者给予救济与帮助,以缓和阶级矛盾。这些都是所谓社会福利设施中的重要组成部分。

主管劳动就业事务和执行劳动政策的政府机构,是劳动市场局(AMS)。它作为处理劳动就业事务的中央管理机构,直接对内阁和劳动部负责。在各省、市和基层设有省或市劳动市场局和基层就业服务站。它们是当地负责处理劳动就业问题的行政机构。

正因为瑞典政府推行"协商"原则,所以各级劳动管理部门都吸收劳资双方代表参加该部门的领导机构——"管委会"。这样便可在政府直接参与和监督下,在劳资双方协商一致的基础上,就劳动就业以及某些救济或帮助问题共同做出决定。据称,管委会的职责不只限于做出决定,还进行研究工作,并向内阁及劳动部提供建议。同时,瑞典政府也正是借助于这种方式,把一切有关劳动就业或安置的工作都置于政府的直接监督或干预之下,并规定禁止设立任何私人的就业安置机构。瑞典议会也通过了法令,规定各私人企业必须及时向各地劳动管理部门申报自己职位空缺的数额。不过私人企业可以不接受当地劳动管理部门介绍来的求职者,而自行雇佣自己认为合格的职工。各地劳动管理部门也负责办理当地失业登记和就业介绍的工作。

各地劳动管理部门所进行的工作，主要可归纳为三个方面：

一是介绍求职者和招工者会面并促其达成协议。这实际上是一种职业介绍性的工作。除此之外，它还可向失业登记者提供就业情报和就业指导。如果失业者的本行业或本地区无法安排，它可提供情报，建议求职者改换行业或学习新的技艺，或者征求求职者的同意，把他介绍给外地需要这类人手的企业。各地劳动部门每月都把本地区的求职者和招工者的人数和要求报给劳动市场局，劳动市场局每月也会把各地的求职、招工情报通报给各地。例如，1980年就业登记册上每月平均有21万人，平均每月新登记的求职者人数为5万多人，平均每月由于找到工作或其他原因而从求职登记册上除名的是4万多人，每月平均有1.6万人被送到就业预备系统进行再培训。为了提高职业供求的工作效率，劳动市场局采用了电子计算机等现代化的手段，尽可能做到一月三次向全国各地通报职业供求情报。

二是改善劳动力的供给。各地劳动管理部门致力于下述两方面的工作。(1)鼓励求职者迁移，迁移到招募劳动力的地方去，并给这种迁移提供搬迁费、安置费等。在70年代，每年约有30万—40万人在市内搬迁，有20万人长途搬迁，其中大部分是为了找工作。这十年中平均每年有20万人因迁移而获得这类津贴。据政府的一个长期就业政策委员会调查：有57％的迁移者，"迁移"后两年仍留在该地工作；29％迁移后又回到原地；14％迁移后，再搬到别处去。所以迁移并不很成功。(2)举办各种技术培训，使求职者适合于企业或其他部门的需要。这类培训，多半是在全国教育局的赞助下由劳动市场培训中心组织星期培训班进行的。培训的对象一般是20岁左右的青年,一般不收取费用,而且还给每名学员每天发55—210克朗的生活费。在70年代,平均每年约有6万人参加这类技术培训班。

三是扩大对劳动力的需求。各地劳动管理部门一般采取两方面的措施:(1)举办各种以工代赈的公共工程(如城市建筑、自然环境保护、造林等),为失业者创造一些就业机会。自70年代后期以来,这类就业者人数增长很快。1978—1979财政年度内最高的月份就业人数达到5.2万人(约占全国劳动力总数的1.2%)。此外,各地政府还建立一些"受庇护"的作坊或工程,收容那些长期找不到工作、技艺差、能力低或残废的人,由政府给予工薪补贴;同时政府也鼓励私人企业雇佣这些人,同样也给予工薪补贴。据统计,各类"受庇护"工程所收容的人数在70年代的十年间约增长了一倍,80年代初达到5万多人,占全国劳动力总数的1%强。(2)政府以提供订货或财政补贴的形式,帮助那些有财政困难的企业维持原有的生产和就业规模,渡过难关。这是瑞典政府执行的所谓充分就业政策和社会福利政策的一个很重要的方面。我们以后将做专门介绍。

值得提出的是,瑞典这个福利国家一向认为自己曾在战后几十年的时间内保持2%左右的低失业率。其实,这个2%的统计数字中,并未包括因找不到工作而参加培训、参加各项社会工程和受庇护工程的人们。如把这些"准"失业者也算上,则其失业率过去长时期内也达4%多,目前更达7%。① 这情形并不比其他西方发达国家好多少。

瑞典各地还举办有各种失业救济的社会设施,对那些未参加培训、社会工程或受庇护工程的失业者给予救济。瑞典的失业救济有两种。一种是为那些参加失业保险社的工人而设置的失业救济,一

---

① 瑞典经济学家林德贝克在和笔者讨论时同意这个看法。

旦他们失业便可从中领取救济金；另一种是为那些未参加失业保险社的人而设置的劳动市场现金救助(KAS)。

瑞典的失业保险社，是由非营利性的私人团体，即工会建立的各失业救济基金负责管理的。这些失业保险社都是行业性的，各有从中央到地方各级的组织。地方的保险社接受地方劳动市场局的监督和津贴。职工根据自愿原则参加。据统计，1980年底约有46个失业救济社，参加者有315万人，占全国受雇劳动力总数的73%。[①] 他们几乎全都是工会会员，因工会要求它的会员都参加。

根据规定，领取失业救济金的人必须具备下列条件：(1)参加失业保险社达12个月以上；(2)在失业前的一年内至少工作了5个月；(3)不是自愿离职或因行为不端而被开除。此外，拒绝接受劳动管理部门给他们介绍的合适工作而无充分理由者，不能领取失业救济金。因罢工或其他劳资纠纷而暂时失去工作报酬的人，不能申请失业救济金。

按一般规定，失业救济金分为若干个等级，而一名失业者所领取的失业救济金(按日计)，不得超过纳税后平均工资收入的92%。失业救济金(按日计)的最高限额是规定了的，比如1956年一天为20克朗，1960年为40克朗，1968年为60克朗；并随着物价上涨而调整。自1974年对失业救济金也征收所得税后，便将这个最高限金额提高到一天120克朗，1975年为130克朗，1981年为210克朗，为平均日工资的91.7%。1981年失业救济金从90克朗一天到210克朗一天，共分13个等级。96%的失业者领取的失业救济金都在180—195克朗这几个高等级之间，平均为192克朗一天。

失业救济金虽按日计，但一周只计五天，周末不计算在内。据

[①] 全国劳动市场局失业保险处：《对失业者的救助》(1982年1月调查报告)。

称,为了鼓励人们就业,失业救济金不能无限期地提供。54 岁以下的失业者最多只能领取 300 天,55—64 岁失业者最多只能领取 450 天。

失业保险社的失业救济金来源有:(1)参加失业保险者的缴纳。其数额大小,依各行业失业风险的大小而定。1980 年这种缴纳每人每月在 1.5—32 克朗。1980 年全国失业救济基金中来自这种缴纳的为 2.45 亿克朗。(2)来自政府的各种形式的津贴。1980 年这种津贴约占全国各失业保险社失业救济金总支出的 90.8%。(3)企业主提供,按年工资总额支付 0.8% 的基金。1980 年这笔基金相当于政府津贴总额的 55%。(4)失业保险社自有基金的收益,1980 年年底各失业保险社自有基金计 13.91 亿克朗。瑞典失业保险社的基本情况见表 2-8。

表 2-8 1975—1980 年瑞典失业保险社的基本情况

	1975 年	1976 年	1977 年	1978 年	1979 年	1980 年
社员人数（千名）	2,748	2,800	2,907	3,000	3,060	3,157
失业救济金支付（百万克朗）	653.1	762.5	1,014.8	1,541.6	1,690.0	1,730.7
其中:政府津贴	505.0	609.2	885.9	1,411.9	1,558.7	1,593.1
社员缴纳（百万克朗）	243.0	262.7	252.9	250.6	240.7	245.1
行政管理开支（百万克朗）	47.6	52.8	56.4	68.7	86.8	94.1

资料来源:全国劳动市场局失业保险处:《对失业者的救助》(1982 年 1 月调查报告)。

对未参加失业保险社或虽已参加而不满一年的失业者提供的是另一种失业救济——劳动市场现金救助。这是随着失业人数增多而于1974年年初才开始实施的。由劳动市场局和各省及地方劳动管理部门负责行政监督,由全国社会保障局和地方社会保障部门主管这项救济金的发放。

1982年,这项救济的最高金额是一天75克朗。如果申请者的自有资产超过一定数额或还领取有其他津贴,则现金救助金额将酌情减少。凡年龄在54岁以下的人领取这项救济金的天数不能超过150天,年龄在55—59岁者最多不超过300天,年龄在60岁以上者的失业者则无限制,也可领取到65岁的退休年龄改领退休金,或提前退休。有关申领这项现金救助的资格规定,跟前面所介绍的申领失业救济金的资格规定一样,即要求申领者必须是能够而且愿意工作的,并且绝不拒绝给他介绍的任何合适工作。

关于这笔现金救助的资金来源,据统计,1981年有55%来自前面所提到的企业主按年工资支付总额的0.8%提供的基金,其余45%来自政府的津贴。

1980年,领取一天以上救助金的共有10.1万人。这一年的新申请者计有6.5万人,其中6,000人的申请因不合格而被退回。领取失业现金救助的10.1万名失业者中间,64%是25岁以下的青年,63%是妇女。1980年在该项设施下共发放金额3.21亿克朗。表2-9介绍了1975—1980年失业现金救助金发放的基本情况,它从一个侧面表明:自70年代中期以来,瑞典的失业日趋加剧,失业者人数逐年增加,至1980年每月领取失业现金救助金的人数竟比1975年增加了一倍多。

表 2-9　1975—1980 年瑞典失业现金救助金的基本情况

	1975 年	1976 年	1977 年	1978 年	1979 年	1980 年
每月平均领取失业现金救助人数	12,531	14,715	20,853	26,275	25,973	26,416
全年发放金额（百万克朗）	67.2	105.4	180.6	255.4	283.2	321.4
一般每天发放的金额（克朗）	39.47	43.45	48.87	53.33	62.39	67.12

资料来源：全国劳动市场局失业保险处：《对失业者的救助》(1982 年 1 月调查报告)。

总之，瑞典政府的劳动管理部门采取各种措施来减少失业，又采取失业保险等来救济失业者。长期以来，瑞典政府确是把工作的重点放在减少失业上，劳动管理部门的大部分经费也都花在这方面。例如，即使在失业问题已趋于恶化的 1976 年，劳动管理部门花在失业救济方面的经费只占它的全部经费开支的 18%，而花在各种创造就业计划（如市政建设、以工代赈工程等）上的经费占 46%，用于再培训计划的经费占 27%，用于就业指导与流动的经费占 9%。可以说，瑞典长期以来主要靠举办各种以工代赈工程、受庇护工程等，把失业率降下来，或者说，把一部分失业者隐蔽起来，制造出"福利国家"制度下的"充分就业"的景象。然而，从 70 年代下半叶以来，瑞典的失业日趋严重，至 1980 年官方公布的失业率达 4.5%，而实际上已达 7%。所谓"福利国家"制度下的"充分就业"的神话也就破产了。

日趋严重的失业问题，引起了瑞典经济学家的关注。根据他们的调查，这些寻找工作的人群中间有相当数量是年轻人，他们之所以就业困难，或由于技术不熟练，或由于乡间职位空缺少。也有一部分是因长期患病或其他原因而提前退休,退休后又想寻找半天工作来增加收入。但大多数经济学家认为,70年代后半期失业之日益恶化,有其深刻的经济原因,即在70年代的世界性经济危机的打击下,在国际竞争激化的情况下,瑞典的产业结构正经历着一场深刻而痛苦的改组:一些传统行业,如林业、农业、渔业、造船业、钢铁工业、纺织工业,日益衰落,从这些行业转业出来的劳动者,其技术状况不符合一些新兴的、发展快的行业(如电子工业)的需要。其实,瑞典的失业问题,其根源还在于它的现代资本主义制度的基本矛盾。世界性经济危机的打击,或国际竞争的加剧,抑或产业结构的改组等等,的确加剧了瑞典经济所经受的困难,加重了失业问题的程度,但毕竟不是失业问题的根本原因。某些瑞典经济学家维护现代资本主义生产的这个立场,妨碍了他们进一步从资本主义制度本身去探求失业问题的根源。

第五节　住宅及其他方面的福利设施

瑞典人口多居住于城镇。全国830多万人口中,约有30%居住在三大城市。除三大城市外,人口在2,000人以上的城市、集镇和村庄约有250个,那里居住着40%的人口。其余30%的人口住在更小的和更为分散的村落。

据瑞典政府宣称,他们的住宅政策的目标是:让每个人获得一处足够宽敞和舒适而且环境美好的住所。原则是两条:(1)居住质量力求达到现代化标准;(2)社会性,即把获得够标准的住宅认为是人们的"社会权利"。

1. 居住质量。这个问题无非是指平均每人占房面积多和房屋设备的现代化程度高。瑞典的住宅问题,在战后的一个很长时期内是人们经常关心、议论的一个中心问题。随着50—60年代大批劳动者从农村和矿区移居城市就业,住宅问题日益尖锐化起来;而且由于"房租管制"①的松弛,房租节节上涨,因而出现了住宅紧张。直到60年代中期,国会才通过了庞大的住宅建造计划,目标是要在十年内建造100万所新的现代化住宅,并用现代化设备改装旧住宅。据称这个目标是达到了,从而使瑞典的房荒现象消失,住宅设备也达到了较高的水平。表2-10表明:在70年代,新建现代化住宅中建造独户住宅的越来越多了,独户住宅在新建住宅中的比重从70年代初的1/3提高到70年代末的1/2以上。70年代中期以后,新住宅建造速度减缓。仅从新住宅的数量看,似乎下降很快,其实投资减少不多,因为住宅面积比以前更宽敞,设备更现代化,单位造价更高。

表2-10 1970—1979年瑞典新住宅建造座数

年份	独户住宅	多家合住住宅（包括公寓）	总计
1970	30,850	75,850	106,700
1971	35,700	68,900	104,600
1972	42,800	55,800	98,600
1973	43,200	36,950	80,150
1974	53,450	27,500	80,950
1975	36,150	15,250	51,400
1976	42,700	14,500	57,200
1977	40,250	13,700	53,950
1978	40,350	16,800	57,150
1979	39,900	15,600	55,500

资料来源:《瑞典的住宅建筑与计划化》(1980年调查报告),第6页。

---

① 瑞典于1942年实施过房租管制,1975年取消。

住宅条件的改善,见表 2-11 和表 2-12,但在全国人口中约有 5％的人仍住得较拥挤。

表 2-11 瑞典住宅条件的改善

年份	每座住宅平均拥有房间数	平均每座住宅人数	平均占用每间房间的人数
1945	3.12	3.10	0.99
1960	3.41	2.84	0.83
1965	3.58	2.74	0.76
1970	3.76	2.60	0.69
1975	3.91	2.41	0.62

资料来源:《瑞典的住宅建筑与计划化》(1980 年调查报告),第 23 页。

表 2-12 瑞典住宅设备的改善

年份	占住宅总数的％			
	有沐浴设备	有卫生设备	有暖气热水	有自来水和排水系统
1945	28	36	46	66
1960	54	70	74	90
1965	66	81	83	94
1970	78	90	92	97
1975	87	95	96	95

资料来源:《瑞典的住宅建筑与计划化》(1980 年调查报告),第 21、23 页。

应该着重指出的是,官方所提供的这些平均数后,掩盖了深刻的阶级差别。富豪者的住宅设施,就绝不只是澡盆、厕所和暖气热水等。他们还有空调、游泳池、游娱室、网球场以及各种艺术装饰。几乎每个城市里,富豪者都有专门的聚居地段或地区,在这些地段或地区里,一般低收入家庭是不能谋得立锥之地的。不仅如此,一般富豪者既有城内住宅,也有郊区别墅,还有森林别墅和海滨别墅。这些富豪者地段里的住宅设施以及豪华生活,一般人是不得窥视和了解的。

2. 住宅的建造与房租。在住宅政策方面,中央和地方有分工。中央负责制定总的方针和为住宅建造提供贷款;地方则具体负责住宅建造与改建的规划(包括住宅的质量要求、地段区划),发放住宅及房租津贴以及负责建造和经营公共住宅等。

瑞典住宅的建造者有政府、合作社和个人,因此它的结构也由国家(指地方政府)、合作社和个人三者组成。表2-13表明,在1976—1979年的住宅建造中,多户住宅(多数是公寓)大多数由政府房产公司建造,合作社建造的多户住宅也占到1/4,而独户住宅则绝大部分是由私人和私营营造公司建造的。

表2-13 瑞典新住宅建造的各种经济成分所占比重(%)

年份	多户住宅			独户住宅		
	国营	合作社	私人	国营	合作社	私人
1976	65	21	14	5	1	94
1977	55	29	16	5	2	93
1978	56	31	13	7	4	89
1979	61	27	12	8	5	87

资料来源:《瑞典的住宅建筑与计划化》(1980年调查报告),第13页。

因此,目前瑞典住宅的所有制有四种经济形态:(1)所有者自住的私人的独户住宅和私人的两单元住宅,占总住宅数的40%;(2)供出租的私人住宅,占总住宅的20%;(3)非营利性社团出租的多层住宅(如公寓),占总住宅数的约15%;(4)国营房产公司出租的住宅,占总住宅数的25%。

在瑞典,住宅的现代化不仅提高了住宅建筑的造价,而且房租和自有住宅的日常维持费用都很昂贵。自有住宅的日常维持费用包括维修费用以及水电、燃料的消耗。70年代以来,随着世界石油价格的上涨以及通货膨胀的发展,住宅日常维持费用的增长比物价上涨得还快(见表2-14)。据统计,1978年全国住宅的日常维持费用共计429.7亿克朗,相当于全部私人消费总额的21%。在这429.7亿克朗的总费用中,燃料和电力费用占22%强,达97亿克朗。昂贵的住宅日常维持费用对于广大中等收入水平的家庭来说,也是个不小的负担。据统计,在70年代,自有住宅日常维持费用对于一个中等收入水平的家庭来说,一般高达它的可支配收入的23%左右(见表2-15)。

表2-14 瑞典消费品价格和住宅日常维持费用上升情况(%)

年　　份	消费品价格的上涨	住宅日常维持费用的上升
1976	9.4	12.4
1977	13.0	16.4
1978	7.3	7.3
1979	11.3	18.5

资料来源:《瑞典的住宅建筑与计划化》(1980年调查报告),第17页。

表2-15 瑞典中等收入家庭的住宅日常维持费用负担

单位:克朗

年　　份	1975年	1976年	1977年
一个中等收入家庭的总收入	70,400	77,400	86,900
可支配收入	44,900	49,800	55,700
住宅日常维持费用占可支配收入的%	22.5	23.3	23.7

资料来源:《瑞典的住宅建筑与计划化》(1980年调查报告),第18页。

自有住宅的日常维持费用尚且如此昂贵,房租之昂贵自不待言。1975年房租管制取消后,完全由房东与房客自行达成房租协议。房东和房客均分别组织了房东协会和房客协会,经常进行房租谈判。由于经常发生房东驱赶房客的纠纷,政府在群众压力下也颁布了保护房客的法令,制止迫迁事件发生。房租可因住宅的标准不同、坐落地段不同而异。表 2-16 表明,1980 年一般现代化公寓的房租竟高达一般中等家庭可支配收入水平的 30%。

表 2-16　1980 年瑞典现代公寓的年平均房租

单位:克朗

	新旧房屋平均房租	1971—1979 年建造的新房房租
2 间一套带厨房	10,300	12,200
3 间一套带厨房	13,400	14,700
4 间一套带厨房	16,400	17,700

资料来源:瑞典研究所《瑞典实况简介:瑞典的住宅计划》,1981 年版。

3. 住宅方面的福利设施。战后瑞典政府鼓励人们新建和改建私人住宅,作为它十年内建造 100 万所住宅计划的一个重要组成部分。为了新建和改建私人住宅,人们可以从私人银行和政府获得长期贷款。私人银行提供的长期贷款可长达 50 年。在全部住宅贷款中,私人银行贷款约占 70%,其余为政府贷款。贷款利率和贷款市场利率一样,但政府给予利息补贴。例如,目前市场利率已超过 10%,由于政府对住宅贷款者给予利息补贴,借款者实际只需付 5.5% 的利率。

住宅津贴是目前瑞典在住宅方面的主要福利设施。住宅津贴有三种:(1)中央政府给予的住宅津贴。这种津贴的多少依收入和抚养孩子多少而定。目前,这项津贴最高额为每个孩子每年贴 1,500 克朗。(2)中央与市政府共同提供的联合住宅津贴。这项津贴的多少取决于收入和住房费用(房租或住宅日常维持费用)之大小。目前这项津贴办法规定,一个有两个孩子的家庭每月可获得这项住宅津贴

1,000左右克朗。这项津贴最高可达到房租或住宅日常维持费用的80%。这种津贴随家庭收入之增长而递减。每年收入达9万克朗的家庭,便没有资格接受住宅津贴。目前瑞典约有51万个家庭接受不同形式的住宅津贴。(3)政府对老年人的住房费用和房租还有特别的补充津贴。这笔补充津贴的数额各城市不尽相同,不过通常也是视收入状况而定。在个别收入较低的情况下,各种住宅津贴将可补偿老人的全部住宅费用和房租。目前约有一半退休老人领取住宅补充津贴。

政府举办的养老院把住宅和疗养结合在一起。政府对其提供了相当数额的补贴。关于养老院,前面已做了介绍,这里不再赘述。

* * *

瑞典政府还举办其他一些福利事业,如高等学校学生的奖学金和学生贷款。瑞典高等教育为中央政府所举办,不仅免收学费,还对学生提供奖学金及学生贷款。奖学金是一种政府赠款,数额是固定的,而学生贷款,则是无息的,但贷款金额须按物价指数计算。在1981年,一名大学生一个学年(9个月)内共可获得资助24,227克朗,其中只有2,178克朗是奖学金,其余是学生贷款。无论是奖学金还是学生贷款,发放的数额需根据申请者的收入状况而定,不过只是根据申请者本人的收入而不是根据他父母的经济状况来确定。

政府对有子女要抚养的家庭,不论其家庭收入多少,均给予一定数额的补助,一个16岁以下的子女一般每年可获得3,000克朗的子女津贴。父母离婚后的未成年子女,每人一年可获6,800克朗的特种生活津贴。表2-17将介绍对不同类型的家庭给予各种补贴的情况。此外,地方的托儿所对不同收入水平的家庭收取金额不等的费用。一般来说,一个月收入在1,500克朗以下的家庭,只需为自己入托的一个小孩交费3克朗一天;一个月收入在13,700克朗以上的家庭,则需交托儿费47克朗一天。托儿所优先接受单职工家庭和低收入家庭的子女入托。

表 2-17 1980 年瑞典对不同类型家庭的补贴

单位:克朗

家庭类型	劳动收入或退休金	住宅津贴	子女津贴	子女特别生活津贴	补 充 退休金
①产业工人(夫妇二人,单职工,二孩子,一为5岁,一为10岁),	69,000	8,100	6,000	—	—
②白领职工(夫妇二人,双职工,二孩子,一为4岁一为6岁)	75,000 54,000	—	6,000	—	—
③白领职工,(夫妇二人,单职工,二孩子,一为16岁,一为18岁)	144,000	—	4,500	—	—
④单身职工,(二孩子,一为8岁,一为10岁)	5,400	8,700	6,000	12,000	—
⑤老年退休者(单身)	16,440	9,000			

资料来源:瑞典研究所:《瑞典实况简介:家庭经济状况》,1981年版。

对学龄前儿童的照顾问题,曾经常成为议会竞选中的"课题"之一。保守党经常主张着重发展"日托"设施,特别是居民区的小型日托托儿所,甚至主张用减税的办法鼓励更多的母亲留在家里照料自己的孩子,因为担心儿童一旦离开父母进了政府办的全日制幼儿园,会给他们灌输集体主义思想。而社会民主党则主张侧重发展"全日制"托儿设施,认为小家庭乃是一个"孤独"单位,而儿童需要有更多的社会接触和团结互助观念。

总之,经过战后几十年的发展,瑞典已建立起一个庞大的所谓社会福利设施体系,包罗了人们的家庭生活和社会生活的许多重要方面。这个体系确实相当庞大。它每年吞噬数千亿克朗的资金,倒是一个重要的事实。这么一个庞大、沉重的负担,全靠税收、保险缴纳来支撑,其最终还是结结实实地压在广大瑞典人民身上,同样也是重要的事实。

第六节 "充分就业"与"国有化"政策

瑞典福利国家的设施,除了上述直接意义的社会福利设施外,还有另一个重要方面,即"充分就业"政策。多数经济学家认为,就社会福利而言,充分就业对于广大劳动群众来说,较之失业救济更有积极的意义。瑞典政府自20世纪30年代以来也一向以充分就业作为宏观经济的首要目标。为此,他们不仅运用财政政策与货币政策举办公共救济工程(如修建公路等)、住宅建造计划等,还特别强调运用国家财政补贴去解救亏损的私人企业。特别是自70年代以来,随着1973—1974年石油危机之后而来的世界性经济危机,严重地打击了造船、航运、钢铁、矿业等主要行业,使这些为出口提供35%产品的行业中的许多企业甚至整个行业,都面临着破产之虞。这种形势,迫使政府从政治、经济的需要出发,采用补贴办法,来拯救这些处于极度困难中的企业或行业,以维持全社会的就业水平。许多经济学家,如卡里森、贝尔汉、伦德堡等,都为此大声疾呼。他们强调说,政府必须采取直接行动去拯救遭到威胁的企业,以防止一家企业或一个行业对雇佣人员采取不可容忍的裁减措施。

在瑞典,政府给企业的财政补贴有两种:一是普通补贴,即规定一个标准,凡符合此条件的申请者均可获得此项补贴;二是特别补贴,即有目的地、有选择地给予某些特定的企业或个人以补贴。[①] 地区补贴、小企业补贴、出口补贴以及研究与发展费用补贴等,属于"普通补贴";即便是对某一特定地区或行业实行这类赠款和税收减免,也是普通补贴,因为凡是属于这一特定地区或行业的企业,都可以同样获得赠款或税收减免的待遇。特别补贴,最典型的是支持某一项特别计划或给予某一产品的专门补贴,或专为改建或重新装备某一企业所给予的补贴。发放特殊补贴,必须由高一级的政府部门做出决策。自70年代中期以来,由于一些传统的主要工业部门处境困难,亟须调整工业结构;在此情况下,一些在国民经济中居举足轻重地位的大垄断资本企业往往会陷于困境,亟须支持,因而政府补贴政策的重心,逐渐从普通补贴转向有选择的特别补贴。

政府对企业的财政补贴,一般采取赠款和贷款两种形式。这两种形式有时没有明确界限,因为国家贷款中有不少常常转为赠款。据统计,瑞典政府在整个70年代对工业企业的财政补贴,有58%是采取赠款形式进行的。随着一些传统工业部门处境的日益困难,工业补贴总额增长迅速,从1970年的23亿克朗增加到1979年的154亿克朗。在整个70年代,工业补贴总额支出共计1,000亿克朗(按1979年价格计),平均每年100亿克朗。工业补贴总支出从1970年占GNP的1.3%增到1979年的4.6%。其中特别补贴增长迅速,从1970年的1.27亿克朗,增到1979年的87.1亿克朗;它在1970年对GNP之比几乎是零,至1979年便达到GNP的3.5%。至1979年,在154亿克

[①] 伏·卡尔森:《瑞典的工业补贴》(1982年研究报告),第3页。

朗的工业补贴总额中普通补贴计66.8亿克朗,占总额的43.4%;而特别补贴达到87.1亿克朗,占总额的56.6%(见表2-18)。

表2-18　1979年瑞典政府支出的工业补贴

单位:亿克朗

普通补贴			特别补贴		
项目	金额	占总额的%	项目	金额	占总额的%
出口补贴	15.1	9.8	救急性补贴	12.5	8.1
研究与发展费用补贴	16.4	10.7	特别企业补贴	74.6	48.5
就业补贴	4.0	2.6			
小企业补贴	31.3	20.3			
小计	66.8	43.4	小计	87.1	56.6

资料来源:伏·卡尔森:《瑞典的工业补贴》(1982年研究报告),第11页。

从1977—1979年这三年特别补贴的情况看,全部工矿企业的特别补贴总额为202.4亿克朗,其中造船业约占45%,钢铁业约占24%,木材加工业约占10%,纺织业约占6%,采矿业约占8%,这反映出一些传统工业部门在70年代末的困难境地(见表2-19)。

表2-19　1977—1979年瑞典政府对工矿企业的特别补贴

单位:亿克朗

	总计	造船业	钢铁业	木材加工业	纺织业	采矿业	其他
金额	202.4	91.0	48.8	20.1	11.2	16.6	14.7
比重(%)	100.0	45.0	24.0	10.0	6.0	8.0	7.0

资料来源:伏·卡尔森:《瑞典的工业补贴》(1982年研究报告),第15页。

应该指出的是,上面提到的只限于政府对私人工业企业发放的财政补贴。此外,政府还对非工业部门,如对农产品及农业经营,对林业、商业以及社会基础结构设施(包括公共服务设施和公用事业),都提供了相当数额的补贴。据统计,如把这方面的补贴和对工业部门的补贴加总起来,则瑞典政府在整个70年代的财政补贴支出总额达到2,350亿克朗。但是这还是从政府的财政补贴支出总额看,假使把政府所采取的税收减免办法来对私人企业进行实际的变相的"补贴"算进来,那数字还要高。

瑞典政府也搞了一些国有化企业,前章已略加叙述。瑞典国有化企业一向集中在矿业、公用事业及交通运输业等方面。在这些领域内,国有化企业的产值约占到这些行业的一半。[①] 但自1975年以后,在世界性经济危机的打击下,造船、钢铁、纺织等工业部门遭到严重困难,若无国家帮助便无力进行生产结构的调整和技术的改造。为此,政府对这些部门提供资金援助,并逐渐把其中的一些变成国有化企业。有些瑞典经济学家认为,近十多年来企业国有化的进程之所以有较大的发展(见表2-20),一个最重要的原因是:政府负担起拯救那些濒临破产的企业的责任。政府之所以这么做,常常是为了解决整个国民经济的问题(包括就业、投资在内)而着想的。

表2-20 1979年瑞典国有化企业(包括国家控制)在投资总额中的比重(%)

中央					地方				合计
国营SF控制公司	公私联合股份公司	企业管理部门	国营服务业	小计	公私联合股份公司	企业管理部门	国营服务业	小计	
2.0	2.4	6.5	5.2	16.1	7.8	4.4	11.7	23.9	40.0

资料来源:瑞典中央统计局1981年资料。

---

① 参阅瑞典研究所《瑞典实况简介:瑞典工业》,1980年版。

国有化企业大体包括有两大类：一是包括邮电通信事业在内的公用事业。这些企业均是非营利性企业，它们的盈亏，均由国家财政预算负担，就业人员计有15.5万人；二是属于其他行业的国有化企业，它们大多数都被置于一个由国家设置的"SF控制公司"之下，成为SF的附属公司或子公司。下面着重考察一下SF控制公司的活动。

SF控制公司是在1970年成立的，直属于中央政府的工业部。这个公司共管辖22个公司，分属钢铁、造船、机械、木材加工、建筑材料、化工、服务等行业。1979年这个公司所属单位共雇佣人员4.6万人，营业额计114亿克朗（见表2-21）。公司成立之初，其目的本是维持就业，推动工业朝着社会所要求的领域与方向发展，既扩大工人和工会对企业的影响又不损害其赢利能力。而事实上，在世界经济危机加深和国际竞争加剧的情况下，SF还是沦为"救生员"，其作用是：运用政府力量（主要是财政援助），去拯救或重建濒临破产或业已破产的企业，以解决就业问题。

SF控制公司的领导机构是一个由14人组成的理事会，其中一人是首席常务理事，一人是工业部的代表，其余12个席位平均分给企业代表和工会代表。工会推荐的6名理事中有4名是由本SF系统的职工推选的，2名是工会官员。企业代表名额包括有下属的主要子公司的代表。[①]

SF控制公司原来打算把企业的经营任务从政府部门身上卸下来，并尽力保护所属各公司不受外界政治干预的影响，不使政治的干预损害企业的经济职能与活动。但大多数瑞典经济学家引证70年代的经验，表明这个打算并未得到贯彻，事实上也困难重重。

[①] 爱里阿逊：《论挖盈补亏》(1981年研究报告)，第24—25页。

表 2-21 1979年瑞典 SF 控制公司的构成

	就业人数(千人)	销售额(百万克朗)
合 计	46.4	11,438
钢 铁	7.7	2,230
机械与电器	5.1	1,167
木材加工及建材	12.4	3,028
化 工	3.6	1,528
食品与烟草	7.8	1,913
服 务	3.5	697
纺 织	5.7	719
工业开发公司及其他	0.6	156

资料来源:爱里阿逊《论挖盈补亏》(1981年研究报告),第 25 页。

不少瑞典经济学家列举了 SF 公司在经营方面的种种困难和弊端。第一,他们认为 SF 作为一家大的国家设置的公司,处在由千万私人企业组成的私人资本主义经济中间,时时处处都要以"国家企业主"的身份做出"表率",特别是在处理劳动者与企业的关系、实施社会福利与保险、遵守有关劳动与社会保险法令等方面,都得做出榜样,以区别于私人企业主。结果,SF 的经理部门花费了大部分时间从事于谈判、教育、社会实验等活动,经常忙于一些事务工作,花费了不少精力与资金,而在开发与研究、改进经营管理方面则花费得少。

第二,一些议员和某些谋取私利的人为了争取本地区的选票,总是不管长远的、宏观的效益而着重于眼前的利益,怂恿 SF 在本地区投资开办新企业或改造旧企业,以扩大本地区的就业与生产。SF 公司对钢铁工业与造船工业的投资就是例子。比如,仅仅出于扩大就业的考虑以及对未来国际市场的过于乐观的估计,政府敦促 SF 公司对所属"东北钢铁公司"在卢列阿的 NTA 钢铁工厂增拨投资,以扩大其生产能力并使之现代化。在70年代中期,政府甚至不顾SF理事会的强烈反对,还企图在这里再投资建造一家大型钢铁厂,这项工程计划叫作"钢铁80号计划"。这项工程计划在政治上引起了一场风波。尽管这项计划最终还是被放弃了,但截至1978年,所耗资金累计已达几千亿克朗。

第三,SF控制公司在本系统内部实行"挖肥补瘦"的做法,以维持许多亏损企业的就业与生产。SF公司的22家企业中,最大的有四家:瑞典烟草公司、东北钢铁公司、木材加工公司、东北铁矿公司。其中,最赚钱的是瑞典烟草公司,它的烟斗烟丝在国际市场有销路,盈利颇丰;亏损最大的是东北钢铁公司,在整个70年代里除了1973年略有盈利外,其他年份全是亏损,亏损总额累计达8亿克朗。其他子公司也是亏多盈少。为了维持亏损企业,SF公司在本系统内部采取"挖肥补瘦"的吃"大锅饭"办法。这种办法,长期以来使得SF一直处于亏损的处境。仅1979年SF就亏损了5亿克朗。这种情况,迫使SF只得靠外来资金来弥补巨额亏损。1971至1979年期间,SF曾使用了175亿克朗的外来资金,其中12.5亿克朗被用于弥补本系统内部的亏损。[1] 由于亏损负担过重,SF不得不在80年代初把一些亏损得特别严重的钢铁企业、造船企业"开革",让它们仍直接依靠国家的特别补贴。

SF的这种"挖肥补瘦"的办法,不仅在本系统内保护了落后和打击了先进,而且还特别严重地打击了比较先进的私营企业。据报道,SF所属的Kockums公司(生产运输设备以及木材加工装备)是个亏损企业,共有职工1,250人,三年来政府给予的赠款约合每个职工19万克朗。这么巨额的赠款,不仅掩盖了Kockums的低效益和一

---

[1] 爱里阿逊:《论挖盈补亏》(1981年研究报告),第41页。

向亏损的弊病,而且支持它与三家比它先进的私人企业进行竞争。这三家企业强烈抗议说,政府这么做是在帮助"落后"排挤先进者,"如果必须排挤掉一家的话,首先应滚蛋的是 Kockums,而不是我们"①。

SF 控制公司十多年来的记录,引起许多瑞典经济学家的异议。人们用 SF 当初制定的两大目标——最大的经济增长和实施包括充分就业在内的一系列社会目标——来对它加以检验。瑞典皇家委员会对此鉴定说,至少第一个目标肯定是没有达到。至于第二个目标,许多经济学家认为,必须在弄清楚是否还有更好的解决办法后,才能做出判断。②

是否可用对亏损企业实行有选择的政府财政补贴的办法,来取代 SF 的办法呢?多数经济学家认为不妥。他们认为,瑞典在较长时期内对亏损企业采取财政补贴的办法,结果保护了落后,使亏损企业更丧失了前进的动力,躺在国家身上吃补贴。正因为如此,才自 70 年代初把许多企业(其中多数是亏损企业)组合起来成为一个 SF 系统,使它们不靠政府财政补贴而靠自己本身的力量来重获生机。试验的结果表明,这些亏损企业虽不是直接靠国家补贴,却实际上靠 SF 系统内的赢利企业的"盈"来补自己的"亏",情况依然没有起色。有几个企业,终因 SF 不胜负担,最终还是被从系统中"开革"出去,它们也只得乞求于国家财政补助。这并不表明直接补贴的办法比 SF 的办法好。

是否可以把所有国有企业——不论赢利的抑或亏损的——都放到与私人企业同等地位上来竞争国家的订货呢?有些人有此想法。

---

① 见瑞典《SF 公司公报》1980 年 1 月 28 日。
② 参阅爱里阿逊:《论挖盈补亏》(1981 年研究报告),第 58—60 页。

但是这样会导致相当一部分企业亏损,削减生产甚至关闭,失业问题势必更加严重。怎么办?瑞典的工业结构必须调整以适应国内外市场形势的演变,但务必使工业结构的调整不致引起社会剧烈震荡。为了拯救瑞典资本主义经济制度的"生命力",必须把提高效率、提高竞争能力置于首位;但为了稳定政治局面,缓和国内阶级矛盾,又必须对就业、社会福利等社会目标给予优先考虑。而这两个方面在目前形势下又处于对立之中。这些政策目标的冲突,正是现代资本主义基本矛盾在瑞典福利国家中的一个具体表现。

# 第三章　福利国家的危机
　　——"瑞典病"剖析之一

　　战后以来,瑞典政府为了缓和国内的阶级矛盾与斗争,积极推行以所谓收入均等化为目标的社会福利设施。至20世纪70年代,这些设施已达到相当大的规模,包罗了人们生活的许多方面。那么,这些设施究竟已达到多大规模?瑞典一年在各项设施上究竟花费多少钱?压在人们和整个国民经济身上的税收负担究竟有多大?巨额的公共开支和沉重的税务负担,在宏观经济方面和微观经济方面所引起的后果如何?它们与70年代末以来瑞典国内外广泛议论的所谓"瑞典病"又有什么关系呢?这些就是本章要着重加以介绍与分析的主要内容。

第一节　巨额的公共开支

　　随着以所谓收入均等化为目标的社会福利设施的推行,瑞典的公共开支迅速增长。在瑞典,名目繁多的社会福利设施项目分别由中央政府、地方政府、社会保障部门掌管,即由它们分别征税或收取保险费,也由它们分别为各设施项目开支经费。这三者经费开支的总和就是公共开支(须扣除掉其间重复计算的部分[①])。据统计,公

[①] 例如,中央财政支出中有给地方预算、社会保障部门的拨款或赠款,而后两者用它来支付给个人和家庭,因此,在计算公共开支时,不能将三者的支出简单地相加,而必须从中剔除掉重复计算的部分。

共开支总额在 1980 年和 1981 年已分别达到 3,270.40 亿克朗和 3,756.32 亿克朗。巨额的公共开支大体用于三大方面：转移性支付、公共消费、公共投资。所谓转移性支付，是指中央政府、地方政府和社会保障部门分别直接给居民户、企业提供的各种收入（如津贴、救济或赠款等）。公共消费中包括医疗费用、教育费用以及政府其他开支。公共投资中包括住宅与公寓的建筑、公共建筑物的建筑、土地和建筑物的购买等。在公共开支总额中，公共投资所占份额一般不到 10%，90% 以上均用于转移性支付及公共消费两个方面（见表 3-1）。

表 3-1 瑞典公共部门的开支

单位：百万克朗

年　份	转移性支付	公共消费	公共投资（固定投资）	扣除余值*	总　计
1980	152,287	152,588	22,691	—526	327,040
1981	182,327	169,567	23,787	—49	375,632

＊包括地方政府对建筑物和土地的净购买。

资料来源：《瑞典经济月刊》，1982 年第 4 期，第 168 页。

据报道，公共开支总额在整个 70 年代增长很快，平均每年增长 5.9%。至 80 年代，1981 年竟比 1980 年增长了近 15%。一个重要原因，乃是随着瑞典经济自 70 年代后半期以来日益陷于困境，亏损企业和失业者增多，政府对企业的津贴、对低收入家庭或失业者的津贴或救济金迅速增大。这一情况，不仅使得公共开支总额不断增大，而且使得公共开支总额中的转移性支付部分以更快的速度增长（1981 年比 1980 年增长了 19% 多），使得转移性支付在公共开支总额中所占的比重增大了。表 3-2 表明，以 80 年代初跟 1974 年相比较，公共消费和公共投资在公共开支总额中的比重都下降了，唯独转移性支付的比重却从 1974 年的 42.8%,提高到 1980 年的 46.5%,1981 年进一步增加到 48.5%。

表3-2 1974—1981年瑞典公共开支的构成(%)

年份	公共开支总额	其中 转移性支付	公共消费	公共投资
1974	100	42.8	49.0	8.2
1980	100	46.5	46.6	6.9
1981	100	48.5	45.1	6.4

资料来源:《瑞典经济月刊》1982 年 4 月号,第 168 页;托尔贝:《瑞典的社会福利和经济增长》(1980 年研究报告),第 9 页。

若仅就 1981 年看,则转移性支付在公共开支总额中居于首位,而且转移性支付中有 61% 是直接转移给居民户,39% 是给企业。前面提到,瑞典政府是通过中央税收、地方税收、保险费缴纳等三个途径来为各项社会福利设施筹集资金的;而转移性支付中转移给居民户的项目,也是分别通过中央政府、地方政府和社会保障系统等三条渠道发放的。现在用表 3-3 来说明转移性支付中直接转移给居民户的三条渠道及其规模。不过,在这里应予说明的是,这里只限于各项设施中直接转移给个人的收入,并不包括政府为这项设施所花费的全部费用。举例来说,转移性支付中只包括对病休人员本人的病休津贴、家有病孩的父母津贴等,并不包括政府在医院建设、医疗药品、医护人员工资等方面的经费开支,这些经费开支是在公共开支中的公共消费项目下开支的。仅就全国转移性支付中通过上述三条渠道直接转移给居民户的这一部分(主要包括退休或养老金、病休津贴、家庭补贴、失业救济、大学生赠款、住宅补贴等)来说,其规模不小。在 1981 年,这笔直接"转移"给居民户的收入共计 1,100 多亿克朗,约相当于 1981 年全国工资薪金支付总额的 42%。

表 3-3　1978—1981 年瑞典各公共部门直接转移给居民户的收入

单位：百万克朗

年份	中央政府（包括基本退休金、失业救济、儿童津贴等）	地方政府（包括住宅津贴、政府雇员退休金等）	社会保障部门（包括补充退休金、病休津贴等）	合　计
1978	39,703	7,598	28,059	75,360
1979	44,463	8,432	32,104	84,999
1980	51,828	9,008	37,158	97,994
1981	57,943	9,985	43,256	111,184

资料来源：《瑞典经济月刊》1982 年 4 月号，第 111 页。

表 3-3 只是说明，70 年代后半期后，在公共开支总额中，转移性支付，特别是对居民户的转移性支付，趋于上升。如果就具体福利设施看，开支最大的项目是退休养老金和医疗及病休津贴开支，据统计，它们在 1982 年公共部门社会福利开支总额中分别占到 39.4% 和 35.3%。仅这两大项开支，就将近占到全部社会福利开支总额的 3/4（见表 3-4）。

在瑞典的公共开支中，除了各项所谓社会福利设施开支外，还有政府的行政经费和军费的开支，不过，据统计，1981 年 3,756 亿克朗的公共开支总额中约有 85% 左右用于各项社会福利设施。

究竟瑞典每年以福利开支为主要内容的公共开支规模有多大？如果没有一个比较，很难说明它究竟是大还是小。应该拿它跟国民生产总值相比，看它占 GNP 中一个多大的份额，这样才能给我们一个比较清晰的概念。据统计，公共开支总额对 GNP 的比率几乎是逐年上升的（见表 3-5），至 1981 年达到 65.9%。1982 年又进一步扩大，相当于 GNP 的 67%，至 1983 年上半年已相当于 GNP 的 70%[①]。这意味

[①] 著名瑞典经济学家林德贝克 1983 年应邀来我国访问。这一数字是他在与笔者座谈中提供的。

着，公共开支一年要吞噬 2/3 以上的 GNP。这种规模在西方国家中是很罕见的。公共开支中有 93%（公共投资除外）为个人和集体的消费。1981 年全国职工工薪收入 2,633 亿克朗中，扣除税款后也大部分用于消费。这使得 1981 年的私人消费和公共消费分别达到 2,966 亿克朗和 1,696 亿克朗，以致全社会消费总额臻至 4,662 亿克朗，占 1981 年 GNP（5,696 亿克朗）的 82%。[①] 瑞典社会已沦为一个过度消费性社会，本书后面将说到，这个过度消费性后面还包含着一个相当程度的浪费。

表 3－4　1982 年公共部门社会福利开支结构

单位：百万克朗

	金　额	比　重(%)
医疗及病休津贴	69,569.8	35.3
事故及安全津贴	1,798.8	0.9
失业救济金	15,171.7	7.7
退休养老金及残废补助	77,796.5	39.4
低收入家庭及儿童补助	31,214.7	15.8
伤残军人津贴	27.0	0.06
杂　项	1,650.9	0.84
合　计	197,229.4	100.0

资料来源：瑞典中央统计局：《1982 年瑞典社会服务的成本与资金状况》，1983 年版，第 6—7 页。

原来所谓"福利国家"是建立在这么庞大的公共开支之上，而庞大的公共开支则变成了庞大而沉重的税务负担（应再加上社会保险费缴纳）压在瑞典人民和整个国民经济的身上。高福利、高消费的背后，其实是高税收在支撑着。为了了解福利设施的资金来源，为了了

[①]　见《瑞典经济月刊》1982 年 4 月号，第 34 页。

解国家强加给人民以多大的经济负担,有必要对瑞典的税收制度以及人民的税务负担做一初步的剖析。

表3-5　1970—1981年瑞典公共开支占GNP的份额(%)

年　度	比　重	年　度	比　重
1970	44.8	1976	52.6
1971	46.5	1977	58.7
1972	47.4	1978	60.6
1973	45.9	1979	61.7
1974	49.1	1980	62.6
1975	49.9	1981	65.9

资料来源:《瑞典经济月刊》1982年4月号,第170页。

第二节　沉重的税务负担

瑞典不仅以社会福利标榜于世,而且还是一个税务负担闻名世界的国家,税务名目繁多,不仅有所得税、销售税等一般常见的税,而且还有成年教育税、小儿日托税、教堂税等名目。连瑞典经济学家也认为瑞典税收名目之花哨,堪居西方国家之冠。

从税收类别看,瑞典的税收可分为直接税和间接税,前者如所得税、财产税等,后者如销售税(1969年起改为增值税)、烟酒税等。

从税收管理体制看,又可分为中央税收(或国家税收)与地方税收。宪法规定,中央预算除了征收直接税外还征收间接税,而地方政府预算则只征收所得税。不过,中央预算和地方预算在征收所得税的方式上有所不同。

(一) 中央税收 (或国家税收)

在中央税收(或国家税收)中最重要的是所得税,其中包括个人所得税和公司所得税。

中央预算所征收的个人所得税,其征收的办法是累进制,征收的是累进所得税。由于公共开支不断增大,财政状况日益困难,瑞典在20世纪70年代曾多次提高税率。所得税的最高边际税率在70年代初是65%,至1979年已升到87%,1981年降到85%。1981年累进的个人所得税税率结构的简单情况如表3-6。

表3-6　1981年瑞典个人所得税税率结构

应计税收入(克朗)	应付所得税(克朗)	平均税率(%)	边际税率(%)
25,000	5,576	22.3	32
50,000	14,248	28.5	44
75,000	27,670	36.9	69
100,000	43,288	43.2	74
125,000	62,500	50.0	78
150,000	81,440	54.3	80
200,000	121,840	60.9	85
300,000	206,840	68.9	87

资料来源:斯托尔:《处于中间道路末路的瑞典》(研究报告)1981年,第19页。

表3-6中的"应计税收入"是指个人工薪收入扣除了利息支付和出差旅行开支之后的收入额。根据瑞典政府发布的统计数字,目前瑞典平均名义工薪收入为7.7万克朗,其应计税收入大多低于7.5万克朗,其累进税率应为27.7%。实际上,累进所得税的计算办法要比这复杂得多,因为对于单身、已婚夫妇、有16岁以下子女的家庭、鳏寡、单职工夫妇或单职工家庭等不同情况,均有不同程度的减

免或税率。如果个人蒙受意外损失,计税时也酌情给予减免。

公司所得税并不采取累进办法。在70年代,中央预算征收的公司所得税税率一般为40%(对合作社、储蓄银行、抵押信贷银行、人寿保险公司征收的税率较低),地方预算征收的公司所得税率一般在26%—32%,平均为29%。由于中央征收的公司所得税是对扣除了地方征收的公司所得税之后的公司利润计征,故中央和地方分别征的公司所得税,合计起来相当于公司所得的57%左右。[1] 应该指出,这里所说的"公司所得",是指应计征的企业利润,即从企业的总收入中扣除了各项成本以及正常经营费用之后,还需扣除掉借款利息、维修费、研究与发展津贴、免税投资储备以及企业为职工各社会保险项目缴纳的保险费用等。结果,中央预算征收的公司所得税其实很低,一般只相当于GNP的1%,在中央财政收入中也占很小比重。其目的在于鼓励垄断资本企业去扩大投资和发展科研事业,以提高瑞典企业在国际市场上的竞争能力。

对那些持有20万克朗以上的资本财产的人,除了征收个人所得税之外,还征收资本财产税。这里所讲的资本财产,包括各种动产和不动产,一些家庭用品除外。债务应从资产中扣除掉,计征的资产实际上是净资产。资本财产税是按累进计征,当然,其累进率跟个人所得税的累进率不同。根据1979年的规定,资本财产税率如表3-7。

对于那些继承财产的人,则征收财产继承税。财产继承税税率依继承者和死者的血缘关系的远近程度而定。在80年代初,根据税法规定,对那些有着近亲的血缘关系继承人,征收的税率最低。一切债务均从计税遗产中扣除掉。对可计税的遗产征收累进税,例如对于价值在2.5万克朗以下应计税的遗产,死者的配偶及子女只需缴

---

[1] 瑞典税务局:《瑞典的投资与税收》,1979年英文版,第20页。

纳5%的遗产税；如应计税的遗产价值在500万克朗以上，则其配偶和子女应纳65%的遗产税。

表3-7 1979年瑞典净资本财产税率

应计征资本财产（克朗）	净资本财产税率
不足20万	——
超过20万的部分 75,000	1%
125,000	1.5%
600,000	2%
1,000,000	2.5%

资料来源：瑞典税务局：《瑞典的投资与税收》，1979年英文版，第30页。

馈赠税，则是为防止逃避遗产税而设置的，是对接受馈赠者征收的。其累进税率与遗产继承税相同。但馈赠者的配偶及子女每年都可享得2,000克朗免税的馈赠的财物。

瑞典在1969年以前征收销售税。自1969年1月起改征增值税。增值税是对企业给货物增加的价值征税，税率一般在17%左右。进口货物除缴纳关税外，还要缴纳增值税；出口货物则免缴增值税。为了鼓励出口，瑞典政府采取了一系列退税办法。如果一家瑞典汽车制造商卖出一辆小汽车给美国人，则除了在销售中豁免汽车制造商的增值税外，还可给他的钢铁、油漆、轮胎及其零件供应者退回税款。外国旅游者在瑞典境内购买的货物，出境时也可获得退税待遇。

除了增值税外，政府还对少数物品，如小汽车、啤酒、烟、糖、矿泉水等，征收专门的销售税。

1981—1982财政年度税收结构见表3-8。

表 3-8　1981—1982 年瑞典中央预算中的税收结构

单位：百万克朗

项　目	金　额	比重(%)	项　目	金　额	比重(%)
个人及公司所得税	29,534	18.6	养　路　税	4,000	2.5
法定的社会保险费	28,709	18.0	进　口　税	1,305	0.8
财　产　税	2,659	1.7	中央政府活动收益	16,462	10.4
增　值　税	42,700	26.9	贷　　款	2,283	1.5
酒　　税	5,910	3.7	计算收入	4,655	2.9
烟　　税	3,250	2.1	其他收入	4,611	2.9
能　源　税	7,319	4.6	总　收　入	158,650	100.0
石　油　税	5,253	3.3			

资料来源：瑞典研究所：《瑞典实况简介：瑞典税收》，1982 年版。

（二）地　方　税　收

地方政府的财政预算在瑞典经济生活中起着非常重大的作用，因为一些重要的社会福利设施均由地方政府举办和提供经费。例如，医疗保健事业几乎全部由地方政府及地方社会保障部门举办和经营，它的经费一向是地方政府最大的一项财政支出，一般占各省、市财政总支出的 60%。又如，瑞典全部中小学和专科、幼儿教育事业，亦由地方政府举办，教育经费（包括供应中小学生的免费午餐）是地方政府的另一项重要财政开支，一般占到地方预算的 18%。此外，地方政府还承担了住宅建造、城市建设、水电供应、环境保护等任务。在 1980 年的全国公共消费和公共投资支出总额（未包括住宅的建造及购买）中，地方政府占到 2/3（见表 3-9）。据统计，在 1980 年瑞典全部公共投资和公共消费开支的 1,872.51 亿克朗中，地方政府的公共开支约占65%。

表3-9　1980年瑞典公共部门的消费与投资

单位:百万克朗

	中央政府	地方政府	社会保障部门	总　计
公共消费	45,129	105,102	2,357	152,588
公共投资*	17,615	17,008	40	34,663

* 均未包括住宅建造投资。

资料来源:《瑞典经济月刊》1982年4月号,第167页。

为了支持地方政府举办这些事业,瑞典宪法授权地方政府征收地方所得税,并授权确定税率。地方所得税征收办法与中央所得税征收办法不同。它征收的是比例税而不是累进税,即只要个人收入达到应征税的水平,则不论个人的所得多少,均按统一的比例计征。地方政府的财政收入中一半以上来自这种所得税收入(见表3-10)。

表3-10　1980—1981年瑞典地方政府的财政收入

单位:百万克朗

年　份	财政总收入	其　中		
		地方所得税	中央政府赠款	其他收入
1980	145,318	77,668	38,680	28,970
1981	163,770	87,020	43,900	32,850

资料来源:《瑞典经济月刊》1982年4月号,第162页。

地方政府的比例所得税跟中央政府的累进所得税之间究竟是什么关系呢?可以说,地方所得税是中央所得税的基础,即中央政府是对扣除了地方所得税之后的"可计征的收入"来征收累进税的。职工的所得税,全都由企业主从职工每月工薪收入中扣除并分别向中央与地方政府缴纳。

(三)税务负担的综合考察

瑞典税收的名目繁多,税负沉重,税率计算也很复杂。根据瑞典政府1981年发表的瑞典家庭的经济状况统计,每个家庭的税负十分沉重。中央政府征收的累进所得税的税率是全国统一的,但各地方政府征收的比例所得税税率不尽相同,有的是25%,有的是32%,但绝大多数是30%,因而各地所承担的税务负担略有差别。表3-11展示了不同收入水平的个人(或家庭)在统一的累进税率和不同的比例税率的情况下,各自直接承受的税务负担。

据统计,1981—1982年间瑞典职工的平均年工薪收入为7.7万克朗,按上述税则,则需缴纳59%的所得税,就是说,单单是中央和地方政府的所得税,就吞噬了一般职工将近60%的年收入。税负之重,可见一斑。但问题还不止于此。

根据规定,人们每年必须就自己所参加的各个社会保险项目,按一定的比例提取自己一部分收入,向有关部门缴费(例如,为参加医疗保险,每人每月需用自己12%的收入缴费)。其实,这种缴纳也类似于一种直接税,可以称为保险税,如医疗保险税、失业保险税等。所不同者只是在于这种缴纳直接赋予人们某种权利(如享得医疗服务或者年老时领取退休金的权利等)。瑞典的统计把这称作"社会保险缴纳",以区别于税收。因而,瑞典的税收统计中不包括职工直接向社会保障部门或某些政府部门缴纳的各种社会保险费用。在1974年以前,各社会保险项目的费用缴纳有一部分是从职工工薪收入扣除的,一部分是按全体职工工薪总额的一定比例由雇主或企业支付的。1974年后,职工参加的全部社会保险项目的费用,基本上由雇主在支付企业工薪总额之外,再按企业工薪总额的一定比例支付。1978年各项保险费用缴纳相当于工薪支付总额的比例如表3-12①。

表3-11 1981年瑞典个人所得税税率(%)

收入组别(克朗)	比例税率(地方)加上累进税(中央)。其中：		
	比例税率为25%者	比例税率为30%者	比例税率为32%者
6,400—25,599	28	32	34
25,600—31,999	30	34	36
32,000—38,399	31	35	37
38,400—44,799	34	38	40
44,800—51,199	37	41	43
51,200—57,599	40	44	46
57,600—63,999	46	50	52
64,000—70,399	48	52	54
70,400—76,799	52	56	58
76,800—83,199	55	59	61
83,200—89,599	59	63	65
89,600—95,999	64	68	70
96,000—102,399	70	74	76
102,400—108,799	71	75	77
108,800—128,799	74	78	80
128,800—191,999	79	80	80
192,000以上	84	85	85

资料来源.瑞典研究所.《瑞典实况简介:瑞典家庭经济状况》,1981年版。

---

① 目前这些缴纳的比例大多比1978年提高了,如医疗保险已从职工工薪收入的9.6%提高到12.8%,补充退休金保险费缴纳已提高到12.25%。

表 3-12 1978 年瑞典各社会保险项目缴纳占职工工薪总额比重(%)

社会保险缴纳项目	占工薪总额比重	社会保险缴纳项目	占工薪总额比重
补充退休金计划	11.75	工作安全计划	0.10
医疗保险	9.60	工资保证	0.12
基本退休金计划	8.30	儿童教育	0.25
失业救济保险	0.40	劳动培训	0.40
部分退休金计划	0.25	工薪总额税	2.00
工伤保险	0.25		
托儿计划	1.30	合　　计	34.72

资料来源:托尔贝:《瑞典的福利国家与经济增长》(研究报告)1980 年,第 8 页。

可见,在瑞典人们的工薪收入除了有 60% 直接以所得税的形式被吞噬外,还有 34% 以社会保险缴纳的形式被吞噬。尽管后者并不从职工个人工薪收入中扣除而由"雇主"代为缴纳,但实际上这一部分缴纳不仅来自职工的剩余劳动,而且最终又立即被雇主们作为企业成本摊入产品价格,从而转嫁到劳动群众身上。这是国家直接加给整个国民经济的一种经济负担,也是间接加在瑞典人民身上的一种经济负担。以 1980 年为例,由中央政府代收的社会保险缴纳计 252 亿克朗,由地方政府监督的各地社会保险部门收取的社会保险缴纳计 494 亿克朗,共计 746 亿克朗。这是社会福利设施除税收(直接税和间接税)之外的又一重要资金来源。

现在,我们可以比较确切地了解这个所谓福利国家加在瑞典人民身上的经济负担的概貌了。要了解瑞典人民为支撑这个福利国家而承受的经济负担,不仅应计算其税收(直接税和间接税)负担,而且还应把巨额的社会保险缴纳一并考虑在内。1980 年瑞典全部税收加上全部社会保险缴纳,总共达到 2,588 亿克朗的巨大规模(见表 3-13)。

表3-13　1980年瑞典全部税收及社会保险缴纳

单位：亿克朗

	中央政府	地方政府	社会保险部门	合　计
直　接　税	370	777	—	1,147
间　接　税	695	—	—	695
社会保险缴纳	252	—	494	746
合　　　计	1,317	777	494	2,588

资料来源：《瑞典经济月刊》1982年4月号，第157、162、165、168页。

瑞典人民为了支撑这些社会福利设施而不得不一年承受2,580多亿克朗的沉重负担。以全国人口830万计，平均每人一年所承受的经济负担是3.1万克朗，约合1980年人均GNP的56%。[①] 这么高的税务和经济负担，在西方世界是少有的。这一切表明，在战后瑞典的高福利、高消费的帷幕后面，却是一个高税收、高缴纳的真实世界。高福利（包括高消费）和高税收（包括高缴纳）本是瑞典这个福利国家的两根大支柱，可是现在倒成了两个破坏性因素，给整个国民经济带来极为严重的后果。至于这些严重后果是什么，下一章将做进一步的剖析。

[①] 瑞典全国雇主协会：《瑞典经济实况》，1982年英文版，第6页。

第四章　福利国家的危机
——"瑞典病"剖析之二

战后以来，瑞典政府长期推行所谓高福利、高税收的政策，结果使瑞典经济的发展形成了这样的格局：公共开支（其中只有10％左右用于公共投资）迅速增长，其增长速度大大高于国民生产总值的增长速度，以致它占国民生产总值的比重不断增大；而工资的增长使得私人消费增长速度大体上与国民生产总值的增长速度相同；与此同时，工业投资总额自1977年以来一直低于1973年的水平。这种消费迅速膨胀而生产、投资相对萎缩的超负荷局面，使得这个所谓"福利国家"呈现出巨大的消费性（而且有相当程度的浪费）。这便是所谓"瑞典病"的症结所在。表4-1，列举了1970—1981年间有关瑞典的国民生产总值、公共开支、私人消费以及工业投资的资料，可使我们对"瑞典病"有一个清晰的认识。

从表4-1可以看到，公共开支在1970—1981年间是直线上升的，而且增长率也很快，1981年比1971年增长了71.8％，而国民生产总值在这一期间只增长了19.8％。这就导致公共开支在国民生产总值中的比重扶摇直上，从1970年的45％提高到1980年的63％和1981年的66％；1982年和1983年上半年又进一步上升到67％与70％。如果以十年为期来观察公共开支在GNP中的比例增长情况（见表4-2），则可看到，公共开支在GNP中所占的比例在1960—1970年间提高的速度大大快于以往。在1950—1960年这十年间只提高了8％，而在1960—1970年这十年间却提高了12％，在1970—

第四章 福利国家的危机——"瑞典病"剖析之二

表 4-1 1970—1981年瑞典国民生产总值、公共开支、私人消费和工业投资的基本情况

		1970年	1971年	1972年	1973年	1974年	1975年	1976年	1977年	1978年	1979年	1980年	1981年
国民生产总值	总额(10亿克朗,按1970年价格)	170	172	176	183	190	195	197	193	195	204	208	206
	以1973年为100	92	94	96	100	104	106	107	105	106	111	113	112
公共开支	总额(10亿克朗,按1970年价格)	76.5	79.1	82.7	84.2	93.1	97.5	124.4	113.8	118.9	126.5	131.0	135.9
	以1973年为100	91	94	98	100	110	116	132	135	141	150	156	161
	占GNP%	45	46	47	46	49	50	53	59	61	62	63	66
私人消费	以1973年为100	94	94	97	100	104	108	112	111	110	113	113	112
工业投资	以1973年为100	86	86	90	100	111	114	114	95	74	76	91	83

资料来源:据瑞典全国雇主协会:《瑞典经济实况》,1982年英文版,第6、15、20、32页资料编制。

1980年这十年间则提高了18%。迨至1982—1983年,则巨额消费性的公共开支吞噬了2/3以上的社会产品,诚然也吞噬了社会相当一部分的投资能力。社会消费之畸形增长、国民经济之超负荷,不能不给瑞典的财政状况、国民生产乃至整个经济造成严重的后果。

表4-2　1950—1983年上半年瑞典公共开支在GNP中的比重(%)

年　份	1950	1960	1970	1980	1982	1983年上半年
比重(%)	25	33	45	63	67	70

资料来源:隆德大学经济系:《税收的极限》,1981年英文版,第4页。

第一节　庞大的财政赤字

尽管瑞典人民承担了巨额税务负担,而且战后税率还不断提高,但仍不能支持因高福利而迅速膨胀起来的巨额财政开支,致使财政预算连年出现赤字。特别是自20世纪70年代以来,在世界经济危机和国际竞争的夹击下,瑞典越来越多的行业、企业沦于严重的困境,失业者队伍也随之扩大。政府为维持就业而不得不增加对困难企业的财政补贴和对失业者的救济金,这又使得财政状况加速恶化,赤字加速膨胀。财政状况急剧恶化的程度,仅从下述情况就可看出:在1950—1960年这十年间,中央财政赤字增长了一倍(即从3.1亿克朗增到6.5亿克朗);在1960—1970年这十年间,赤字增长了四倍(即从6.5亿克朗增到32.3亿克朗);在1970—1980年这十年间则增长了12倍(即从32.3亿克朗增到429.1亿克朗),而1981年更增至662.7亿克朗之巨(见表4-3)。即使扣除了通货膨胀因素,其赤字增长的速度与规模也是很可观的。

第四章 福利国家的危机——"瑞典病"剖析之二

表4-3 瑞典中央政府预算和赤字

单位:十亿克朗

年份	1950	1960	1970	1975	1980	1981
财政收入	5.83	16.21	44.11	84.60	146.48	163.39
财政支出	6.14	16.86	47.34	91.81	189.39	229.66
赤 字	0.31	0.65	3.23	7.21	42.91	66.27

资料来源:隆德大学经济系:《税收的极限》,1981年英文版,第3页;《瑞典经济月刊》1982年4月号,第157页。

应该指出,瑞典财政赤字的实际规模要比中央预算所反映的规模小些。这是因为瑞典财政体制由中央预算、地方预算、社会保险系统预算三系统组成。中央财政支出中约有22%是直接给地方政府、社会保险系统提供的补贴和赠款。地方政府财政预算一方面从中央财政预算获得一部分补贴和赠款(一般占地方财政收入的45%—48%),另一方面又给各地社会保险部门提供补贴和赠款。社会保险系统则从中央财政、地方财政方面获得补贴与赠款,这部分收入一般只占其全部财政收入的3%—4%;它还有一部分利息收入(约占其财政收入的20%左右),再加上它所征收的各种社会保险费缴纳,则其财政收入往往在扣除掉社会保险开支之外,还略有节余。因此,将这三个系统的预算收支综合起来,则瑞典实际的财政赤字规模要比中央预算中的赤字规模小些。它们在1980年和1981年分别是350.31亿克朗和420.15亿克朗(见表4-4)。

表4-4 瑞典公共部门(中央、地方、社会保险系统)的财政收支

单位:亿克朗

	财政收入	财政开支	赤 字
1980	3,060.06	3,410.37	350.31
1981	3,455.89	3,876.04	420.15

资料来源:《瑞典经济月刊》1982年4月号,第168页。

要了解瑞典财政赤字的规模,最好还是把赤字跟国民生产总值进行比较。隆德大学经济系的研究报告做过这个比较分析,可以使我们对瑞典的赤字规模有一个比较清晰的概念:赤字对国民生产总值之比不断提高,从 1950 年的 3％提高到 1960 年的 5％、1970 年的 7％和 1980 年的 12％(见表 4-5)。

表 4-5　公共开支、公共收入、赤字与 GNP 之比较(％)

年份	1950	1960	1970	1975	1980
公共开支占 GNP 的％	25％	33％	47％	57％	63％
公共收入占 GNP 的％	22％	28％	40％	48％	51％
赤字占 GNP 的％	3％	5％	7％	9％	12％

资料来源:隆德大学经济系:《税收的极限》,1981 年英文版,第 4 页;《瑞典经济月刊》1982 年 4 月号,第 136 页。

在瑞典,有少数经济学家把 70 年代财政状况之恶化,主要归咎于世界经济衰退的袭击和国际竞争之加剧,致使税收相对减少而财政支出相对扩大。这个说法,给人们一个印象:似乎赤字之扩大只是个别时期而且仅仅由于某种特殊条件而产生的偶然现象。这不符合实际情况。其实,战后以来,瑞典的国家预算经常处于赤字情况下,只是赤字数额比 70 年代来得小些,增长速度也较慢些。可以说,战后瑞典政府所执行的,基本上跟美英等主要资本主义国家一样,也是赤字财政政策。其所以如此,是因为:(1)对于瑞典垄断资本统治集团来说,确保战后经济稳定,防止经济危机的袭击,以稳定其政治、经济的统治,是他们一向关注的首要问题。因而所谓充分就业和经济增长实际上也是瑞典政府的宏观经济政策的首要目标。为此,预算赤字便被作为一个用以熨平经济周期波动的"反危机"的政策工具,结果,预算赤字也就成为战后瑞典经济的经常伴侣。(2)赤字财政,从理论上说,本是战后凯恩斯主义政策中的一个主要法宝。瑞典,本是资产阶级经济学中的瑞典学派(或斯德哥尔摩学派)的发源地。瑞典学派在理论上虽与凯恩斯主义有所不同,但其经济政策却与凯恩斯主义政策大体相同。事实上,战后以来,一方面凯恩斯主义对瑞典经济学和经济政策的影响日益显著,另一方面不少瑞典经济学家也致力于为赤字财政制造舆论,反对墨守平衡预算的传统规则,鼓吹不应追求年度预算平衡而应按经济周期来考虑预算平衡问题等等。在赤字财政等"反危机"措施问题上,正如瑞典隆德大学某些经济学教授所抱怨的那样,瑞典学派的理论观点跟凯恩斯主义日益合流了。[1]

(3)瑞典政府推行的所谓社会福利设施、扩大公共开支,在相当程度上也是与赤字财政政策有联系的。当私人的投资需求和消费需求都不足以吸收过剩的社会生产能力时,便在社会福利设施名目下扩大公共开支,以弥补社会需求之不足。当然,扩大所谓社会福利设施方面的开支,同时也是出于缓和国内阶级矛盾、保持政治局面安定的目的。总之,正因为瑞典战后的赤字财政是出于垄断统治集团的所谓反危机、经济稳定、政治安定的需要,所以预算赤字的经常存在和不断增长,绝不只是由于个别时期的特殊情况造成的,而是有其更深刻的内在原因。70年代世界经济危机的袭击和国际竞争的加剧,不过是使瑞典资本主义经济所固有的各种矛盾加剧了,使瑞典经济对赤字财政的依赖性越发增大了。

长期的巨额预算赤字,迫使瑞典政府不得不大量举债。瑞典政府的国债,在70年代里迅速增长,从70年代初的1,000亿克朗左右,到1981年底已累积到2,950亿克朗。按全国人口平均,每人负债3.5万克朗,合5,000多美元,相当于甚至高于美国的负债水平。所以瑞典这个高福利、高税收的国家也可称之为高债务的国家。在

---

[1] 参阅隆德大学经济系:《税收的极限》,1981年英文版,第2—4页。

这个总额为2,950亿克朗的国债中,有1,070亿克朗债券为私人企业所持有(其中1,050亿克朗债券为银行、保险公司等金融企业所持有);有980亿克朗债券为公共部门所掌有;居民户只掌有380亿克朗的债券;此外,还有520亿克朗外债。值得提及的是,在70年代初瑞典几乎没有什么外债,但财政之窘迫使瑞典不得不向外告贷,迄1981年外债骤增至520亿克朗之多,占到国民生产总值的17.5%。

增发公债虽可一时填补赤字,却同时带来了巨额的公债利息支付,进一步扩大了政府的财政支出。例如,1982年瑞典政府要为2,950亿克朗公债支付335亿克朗的利息,这个数额相当于当年瑞典公共部门的财政赤字(350亿)。在这335亿克朗的公债利息中,约有100亿克朗利息仍留在公共部门内,因这部分公债是由公共部门购买和持有的;另有156亿克朗利息是支付给私人企业和居民户的;外债利息支付计76亿克朗(见表4-6)。

表4-6　1981—1982年瑞典公债及利息支付

单位:十亿克朗

公债持有者	公债额(1981年年底)	利息支付额(1982年)
中央政府	5	0.6
中央银行	50	4.8
全国养老金保险基金	43	4.9
企业	107	12.1
居民户	38	3.5
外债	52	7.6
合计	295	33.5

资料来源:《瑞典经济月刊》1982年4月号,第197页。

一般来说,公债利息的支付,一方面固然会进一步加重财政支出的负担,另一方面却有助于公债持有者增加其储蓄,从而增进其投资的能力。但就瑞典的情况看,巨额公债利息的支付对国民经济产生的消极影响较为显著,而它对经济活动的刺激作用则过于微弱。因为,不仅它们几乎全部被用来再购买新公债,而且私人企业所获得的公债利息收入也很少形成投资。根据瑞典经济学家分析,这些私人企业几乎全是私人银行和保险公司,它们的公债利息收入在1980—1982年间有巨大增长,但为了保持高度灵活性,也几乎全被用于再投资于政府债券。总之,由于巨额公债利息转为公共消费,并未转化为生产性投资以增加物质生产。所以,他们承认:"由此得出结论说,1970—1982年这期间的公债利息支付,对于实际经济活动似乎根本没有发挥过任何重大的扩张性效果。"①这种情况,自然加剧了财政赤字的破坏性,进一步加剧了通货膨胀的发展。

第二节 通货膨胀加剧

财政赤字的不断扩大,给瑞典带来了通货膨胀。一般说来,消灭预算赤字的办法,无非是增加税收(财政收入)或减少财政支出,或者两者并用。如果这些都做不到的话,则用以弥补赤字的办法,除了发行公债和借外债之外,便是增发通货,结果,便会导致通货膨胀,物价上涨。所以,财政赤字与通货膨胀总是结下不解之缘。战后瑞典经济的发展证明了这一点。一些瑞典经济学家也承认:"瑞典的历史经验经常表明,在国家预算赤字与通货膨胀之间存在着密切的关系;赤字愈大,通货膨胀愈烈。这已成为一般规则。"②

为了弥补不断扩大的财政赤字,瑞典政府除了借债外,还不得不扩大货币发行量,致使货币供给的增长率大大快于国民生产总值的

---

① 《瑞典经济月刊》1981年4月号,第200页。
② 隆德大学经济系:《税收的极限》,1981年英文版,第18页。

增长速度。例如70年代后期货币供给的年增长率约为11%—12%,如果把国民生产总值的增长这一因素扣除掉,则货币供给的实际膨胀率为9%—10%。而1980年和1981年,实际的通货膨胀率则在10%以上(见表4-7)。

表4-7 1970—1981年瑞典通货膨胀率(%)

年份	膨胀率	年份	膨胀率
1970	7.0	1976	10.3
1971	7.4	1977	11.4
1972	6.0	1978	10.0
1973	6.7	1979	7.2
1974	9.9	1980	13.7
1975	9.8	1981	12.1

资料来源:瑞典全国雇主协会:《瑞典经济实况》,1982年英文版,第43页。

通货膨胀的直接后果,便是物价上涨。然而,物价上涨的速度,通常要比通货膨胀更快些(西方经济学中却常把通货膨胀率和物价上涨率等同起来)。因为,一方面,高福利和高消费使得消费需求的增长高于生产的增长,导致需求过度膨胀,从而从需求方面形成了对物价上涨的压力;另一方面,劳动成本的增加以及进口原材料、燃料的价格上涨,又从供给方面加大了物价上涨的压力。因此,从70年代以来不仅物价水平不断上涨,而且除了个别年份外,物价上涨率还是趋向提高的,特别是自1974年以来物价上涨率一般都达到两位数字(只有1979、1982年例外)。表4-8提供了1950—1982年瑞典消费品价格上涨率的历史记录。

从表4-8可以看到,在20世纪50年代,除了1951年和1952年因受朝鲜战争和国际原材料价格猛涨的影响外,其他年份的物价上涨率每年平均在3%左右;至60年代,物价上涨率每年平均在4%

左右;而 1974 年起,则上升到 10% 以上。这完全表明,战后三十多年来瑞典的物价水平不仅持续上升,而且上升速率越来越快。

表 4-8　1950—1982 年瑞典消费品价格上涨率

年份	年上涨率(%)	价格指数(1949=100)	年份	年上涨率(%)	价格指数(1949=100)	年份	年上涨率(%)	价格指数(1949=100)
1950	1	101	1961	3	163	1972	6	269
1951	16	117	1962	4	170	1973	7	287
1952	8	126	1963	3	175	1974	10	316
1953	2	128	1964	3	181	1975	10	347
1954	1	129	1965	5	190	1976	10	382
1955	3	133	1966	6	206	1977	12	426
1956	5	139	1967	4	211	1978	10	468
1957	4	145	1968	2	215	1979	7	502
1958	5	152	1969	3	221	1980	14	571
1959	1	153	1970	7	236	1981	12	640
1960	4	159	1971	8	254	1982	8	691

资料来源:瑞典全国雇主协会《瑞典经济实况》,1982 年英文版,第 44 页。

物价飞涨,给国民经济造成了严重后果。首当其冲的,当然是广大依靠工资收入谋生的劳动群众。自 1974 年以来,物价的上涨每年要吞噬掉劳动者 10% 以上的收入。一方面是物价急剧上涨,另一方面又是所得税率迅速提高,劳动群众在这样的两边夹击下备受其苦,工人纳税后的实际可支配收入下降,至 70 年代末和 80 年代初已降至 70 年代初的水平(见表 4-9)。

表 4-9　1970—1981 年瑞典工人的平均工资和实际可支配收入

单位：克朗

年份	年平均工资（当年价格）	纳税后收入（实际可支配收入）	
		（当年价格）	（1970 年价格）
1970	27,490	19,340	19,340
1971	30,290	21,350	19,880
1972	32,210	21,730	19,090
1973	34,600	23,470	19,310
1974	38,750	26,190	19,610
1975	45,500	30,680	20,930
1976	51,200	34,000	21,030
1977	54,600	37,100	20,590
1978	59,000	39,500	19,940
1979	64,000	42,590	20,050
1980	71,000	47,480	19,620
1981	77,200	51,240	18,900

资料来源：《瑞典经济实况》，1982 年英文版，第 39 页。

由资本家组织的"全国雇主协会"在其出版物中出承认："在 70 年代，工资和价格都比以往上升得快。与此同时，税收急剧提高。由于这些原因，工人纳税后的实际收入或实际的可支配收入增长极慢；有许多人，他们纳税后的实际收入反倒下降了。"[①]

工人群众为了捍卫自己的工资收入不被物价的上涨所吞噬，从 70 年代以来，不仅在工资协议谈判中趋向于把协议期缩短，而且在给工资协议确定工资率时总要把以后一两年内可能预计到的物价上涨率计算在内。工人群众的这种要求和行动，是完全合理的自卫行

---

① 瑞典全国雇主协会：《瑞典经济实况》，1982 年英文版，第 39 页。

动。可是,资本家们不仅把这作为他们进一步提高产品价格的借口,而且把物价上涨完全归咎于工人提高工资率的要求。瑞典总工会在自己的出版物中坚决驳斥了这种论调,称:"从许多方面讲,工资赚取者都是受物价飞腾最严重的打击的人们。……瑞典工会及其关于工资的主张绝不是导致70年代国内通货膨胀迅速发展的原因,即使一些私人企业偶尔也这么说。其实,在70年代后半期,消费品价格指数按平均10%的年率上涨超过了工资增长速率。"①

通货膨胀和物价上涨对于那些领取退休养老金的人们打击更重。尽管退休养老金中的基本退休金部分是随着物价的变动而加以调整的,但这种调整往往落后于物价的上涨。对于那些拥有银行存款和公债券的人们来说,他们在税收与通货膨胀的两面夹击下,所蒙受的损失更为惨重。一些瑞典经济学教授强调指出,通货膨胀对于固定收入者来讲实际上也是一种税收,并进一步说,在高税收的情况下,再加上通货膨胀,"其累积效果将可能对利息收入课以100%以上的税"。例如,某人在1979年年初将100克朗存入瑞典银行,年息率为7%,年终将可获7克朗利息收入;缴纳所得税后,可获3克朗收入。如果通货膨胀率为10%,则此人所得本息103克朗实际上只值年初的93克朗。结果,此人实际上除了损失全部利息收入(7克朗)外,还把本金亏蚀了7%(即7克朗),总共损失了14克朗,相当于原来利息收入(7克朗)的200%。他们得出结论说:"如果把普通的所得税跟这种异常高的通货膨胀税相结合,则小储户的资本就会因其利息收入被课以200%的税而萎缩。无疑,这与其说是一种'税收',倒不如说是一种'打劫'。"②

---

① 福尔塞巴克:《瑞典的工业关系与就业》,1980年英文版,第73—74页。
② 隆德大学经济系:《税收的极限》,1981年英文版,第5—6页。

怎么对付通货膨胀？瑞典政府用以"反"通货膨胀的一个重要"武器"，就是实行"物价管制"。究竟它是如何实行物价管制的？物价管制的效果究竟如何？这里稍加评述。

瑞典在第二次世界大战期间实施物价管制，直至20世纪50年代初才取消。此后一直到60年代末，瑞典的价格形成都比较自由而不受政府干预（只有住宅、农产品市场等几个部门例外）。至1970年秋，瑞典政府实行全面的"物价冻结"，于1971年12月结束。在1971年以后，虽然全面的物价冻结取消了，瑞典政府仍对物价采取了若干所谓管制措施，并在1973年对1956年议会通过的物价管制法做了一些修订。

根据1956年的《物价管制法》，财政部部长受权在他认为紧迫的情况下提出实行全面物价冻结。有些经济学家认为，这类法案有哗众取宠的欺骗性质，因为在50年代中期，根据当时形势估计除非世界再次卷入战争，几乎难以想象有可能出现需要实行全面物价冻结的紧迫局势。议会通过这一法案不过是为了安抚舆论和群众，好让垄断资本企业在自由价格制度下为所欲为。1970年秋因国内外市场价格剧烈波动而再度实行物价全面冻结，终因垄断资本集团反对而于1971年年底取消。然而，70年代以来，由于国际市场上风云多变，而瑞典国内市场又在很大程度上受制于国际市场，瑞典不能完全放弃对物价的管制。于是，1973年议会对1956年的物价管制法进行了修订。1973年的新立法并未改变1956年法案的基本原则。所不同的是，过去法案所应对的是可能出现物价普遍猛涨的严重局势，而新立法则是授权政府有选择地对某种或几种面临价格暴涨局势的重要物品实行管制。因此，瑞典经济学家拉斯·乔南这样说："新立法便为有选择地进行调节和经常地使用价格管制手段铺平了道路。"①这种改变,标志着价格政策已从宏观调节向微观调节过渡。

按照新的立法,对物价可采取四种直接管制形式:(1)物价冻结——可以是全面的或者个别的物价冻结,即把价格冻结在当时的水平上,有时也可以把价格冻结在以前不久某个时期的水平上;(2)最高限额价格——由政府给企业规定一个不许超越的最高价格界限;(3)保证价格——由企业保证其产品价格绝不超过某个界限;(4)申报价格——准备提价的企业必须至少在一个月以前向当局报告。

据报道,在 1973—1980 年间,全部私人消费总额中属于价格冻结的消费部分,只占 5%—7%,主要是牛奶、奶酪、肉食等基本食品;在这期间还曾对少数几种物品或服务业的价格,实行过为期长短不等、程度不同的最高限额价格。1977 年春和秋两次实施了临时性的全面价格冻结,以遏制由克朗贬值而带来的冲击。1980 年春,为了促成劳资达成集体工资协议,曾实行过短暂的全面价格冻结。私人消费总额中约有 70% 是属于申报价格,据称是因为大多数企业"都冀望把通货膨胀率控制在工资协议中的价格条款所允许的限度内"。实际上,近十多年来,申报价格是瑞典典型的价格管制形式。它经常导致政府物价局与企业之间的谈判,一经谈判达成协议,企业的提价便成了合法的价格,为政府所保护。

究竟瑞典实行的物价管制对于抑制通货膨胀率起过多大作用呢?不少经济学家指出,70 年代的经历表明:通货膨胀率与物价管制程度有着水涨船高的并进趋势,就整体来说,物价管制是失败的。有人辩论说,不能说它失败,因为如果没有物价管制,则物价可能上涨得更迅猛。于是,一些经济学家便利用经济计量模式,测算在 70

---

① 拉斯·爵南:"20 世纪 70 年代瑞典的价格管制政策",刊《斯堪的纳维斯卡银行评论》1981 年第 3—4 期,第 80 页。

年代条件下瑞典若没有物价管制,价格会上涨到何等程度。据称结果是"模拟的物价上涨率跟实际的物价上涨率极为接近"。他们得出结论说:"物价管制政策,对于通货膨胀率(即物价上涨率)并没有任何重大的长期效应。"①

物价管制政策之失败,绝非偶然。因为通货膨胀和物价上涨来源于赤字财政;而这一切,归根到底,则是现代资本主义经济所固有的各种矛盾的产物。一方面为防止经济危机而不断扩大预算赤字,另一方面又想稳定物价而实行物价管制。这就好像一方面给火上浇油,另一方面又大嚷救火。这种做法,显然是徒劳无益的。

第三节 生产率的增长率下降

战后一段时期内,瑞典的生产率和国民生产都增长很快,但60年代以来,它们的增长速度都明显地减慢。下面这个统计告诉我们,至少从60年代初起,国民生产总值的增长速度几乎一直在下降,从1960—1965年的每年平均增长5.7%降到1965—1970年的3.8%,再降到1970—1974年的3%,迨至1974—1979年进一步降到每年平均仅0.3%。② 应该说,60年代以来,在西方国家中国民生产总值增长速度下降的,不只是瑞典一国,但不能不看到,瑞典却是这群经济增长渐趋停滞的国家中突出的一员。瑞典隆德大学著名经济学教授斯托尔提供了有关的统计(见表4-10)。

---

① "物价管制能遏制通货膨胀吗?",刊《政府公报》1981年第42期。
② 转引自托尔贝:《瑞典的福利国家与经济增长》(研究报告)1980年,第1页。

第四章 福利国家的危机——"瑞典病"剖析之二

表 4-10 瑞典国民生产总值平均年增长率与他国比较

年份	瑞典	日本	美国	英国	联邦德国
1965—1973	3.2	10.7	3.7	3.1	4.3
1973—1979	1.9	4.1	2.4	1.1	2.4

资料来源:斯托尔:《处于中间道路末路的瑞典》(研究报告)1981年,第7页。

以上所述,只不过说明60—70年代瑞典的国民生产增长速度急剧减缓、经济增长趋于停滞的趋向。不仅如此,生产率的增长率也相应地表现出下降的趋向。据统计,在60年代,加工制造业的生产率年平均增长率为7%,而在1973—1981年间则降为1.8%。如果拿瑞典跟共同市场10国相比较,则可看到:在1973—1981年间,瑞典整个国民生产的生产率只增长了16%,而共同市场国家的生产率却提高了30%,特别是在70年代末和80年代初,瑞典的生产率增长率陷于停滞状态,这就进一步扩大了瑞典跟其他西方国家在经济增长方面的差距(见表4-11)。

表 4-11 1970—1981年瑞典与共同市场10国的生产率增长率比较

(以1973年为100)

年份	瑞典	共同市场国家	年份	瑞典	共同市场国家
1970	84	84	1976	104	111
1971	88	88	1977	103	116
1972	93	94	1978	107	120
1973	100	100	1979	116	125
1974	104	103	1980	116	127
1975	103	104	1981	116	130

资料来源:瑞典全国雇主协会:《瑞典经济实况》,1982年英文版,第16页。

生产率增长率下降的问题,在瑞典经济界和经济学界引起了广泛关切。但问题是,为什么瑞典的生产率增长率会如此急剧地下降呢？根据许多瑞典经济学家的分析，其主要原因是：高福利、高缴纳（包括税收和各种保险缴纳）给这个社会造成的巨大消费性，吞噬了很大一部分个人的、社会的储蓄与投资，致使生产性投资（如工业投资）减少，物质生产过程的技术更新缓慢。这从宏观和微观方面都对储蓄与投资产生了严重的消极影响。

1. 许多瑞典经济学家认为，在所谓"福利国家"政策的庇护下，一些过去必须由个人或家庭依靠自己的储蓄来进行的必要的消费（如退休养老金、医疗费用、孩子教育费用等），现在由社会的各项保险计划全部包下来，从而使人们失去了进行私人储蓄的迫切感。例如，由于有社会保障制度，人们不必再为退休后的晚年生活而进行储蓄。瑞典经济学家斯托尔说："这个制度对个人的储蓄动机的影响可以说是灾难性的。如果一个人真相信他的下一代会像他对待上一代人那么慷慨支付养老金，那么几乎就不会有什么进行长期储蓄的动力了。"①

其实，人们为了参加社会保险计划，都按月缴纳了费用。按法令规定，只有连续缴纳保险费用达 30 年者，才能在退休后在基本退休金之外还充分享得补充退休金。如果把这笔缴纳作为一种强制储蓄去形成资本，或许无损于社会的储蓄与投资。问题是，统治阶级为维护自身政治的和经济的利益，却挪用现时劳动者的缴纳去支付上一代人的养老金，从而把这一部分本应用于储蓄（或资本形成）的基金却用于扩大社会消费。所以，对储蓄与投资的那种消极影响，主要不是来自保障制度本身，而是由这种拆东墙、补西墙的做法所造成的。以社会保险费缴纳名义收集来的基金数额不小。据统计，1979 年政府征集的补充退休基金累计达 1,500 亿克朗，而 1979 年一年的国内

---

① 见《世界性社会保障制度危机》，1982 年英文版，第 109 页。

生产总值(GDP)也不过4,350亿克朗。①

也应看到,在社会保障制度下人们为养老而储蓄的迫切感减弱了。但就瑞典的情况来看,储蓄与投资减少,与其说主要是由于人们缺乏储蓄的动力,莫如说是由于人们缺乏储蓄的能力。因为高税收夺去了人们60%的收入,余下的收入除了支付基本生活费用外能有多少进入储蓄或投资呢? 正因为如此,居民户的私人净金融储蓄在整个70年代经常接近于零甚至为负数(见表4-12)。

表4-12　1971—1979年居民户的私人净金融储蓄

单位:十亿克朗

年份	净金融储蓄	年份	净金融储蓄	年份	净金融储蓄
1971	0.8	1974	0.1	1977	-2.2
1972	-2.6	1975	平	1978	-0.5
1973	-1.7	1976	-4.2	1979	-2.1

资料来源:《世界性社会保障制度危机》,1982年英文版,第110页。

正是由于高福利和高缴纳吞噬了人们进行储蓄和投资的能力,瑞典的生产性投资与其他欧洲国家相比处于较低的水平,设备和技术的更新以及新技术和发明的采用比较缓慢,结果导致生产率增长率下降。瑞典造船工业提供了一个很好的例子。造船工业本是瑞典的一个传统的主导工业部门,战后一度发展很快,但自70年代后却在国际竞争中败下阵来。原因之一,正如瑞典经济学家所承认的,就是长期未能投资于技术的更新与改造,"致使瑞典造船业未能再保持技术上的领先地位,……而其他国家则在技术上已赶上并超过瑞典,用比瑞典更低的费用建造出船舶"②。不仅造船业如此,整个瑞典经

---

① 转引自斯托尔:《处于中间道路末路的瑞典》(研究报告)1981年,第31—32页。
② 拉斯·厄里克·坦哥尔摩:"瑞典造船业的危机",刊《斯堪的纳维斯卡银行评论》1978年3—4月号,第65页。

济也如此。总之,高消费和低投资使瑞典的生产率和经济增长几乎处于停滞状态。

2. 他们认为,所得税的边际税率过高,挫伤了一般劳动者和高级工程技术人员、教授、科学家的工作积极性。

按税收法令规定,1981年年收入为5万克朗者,其平均税率为28.5%,而其边际税率为44%;年收入为10万克朗者,其平均税率为43.2%,而边际税率为74%;年收入为15万克朗者,其平均税率为54.3%,而边际税率为80%;年收入达20万克朗者,其平均税率为60.9%,而边际税率为85%。个人所得税的边际税率这么高,挫伤了一般劳动者、高级工程技术人员、教授、科学家接受额外工作、增加劳动收入的积极性。斯托尔在文章中举例说,一名工人,如果他的边际生产率为一小时100克朗(假定边际生产率为其工资率),则他首先要支付26克朗的工资总额税(由雇主支付,工人一般不清楚),剩下74克朗为纳税前收入。如果这74克朗(一小时)为额外工作收入,则其边际税率为65%,其纳税后收入将只有26克朗。如果他还有其他收入来源(如住宅津贴等),则其额外工作收入还得再课以24%的税,这样,其税率将进一步提高到89%,(即65%+24%),他的可支配收入,最后仅只8克朗。① 至于教授、高级工程技术人员等人的情况,几位斯德哥尔摩大学的经济学教授都曾谈到,有的学校想请他们去讲课,有的企业或事业单位想请他们去担任兼职顾问或其他兼职工作,他们虽有时间也不愿多承担工作。因为一旦他承担了额外工作,他所担负的工作责任是百分之百,而他为这笔追加收入所必须缴纳的边际税率却高达85%,个人的实际报酬只有15%。这一切都表明了高税负对生产率增长的消极作用。

---

① 斯托尔:《处于中间道路末路的瑞典》(研究报告)1981年,第23页。

第四章 福利国家的危机——"瑞典病"剖析之二

3. 高福利、高缴纳滋长了一种吃"大锅饭"的现象,劳动纪律松散,出勤率低。

在高福利制度下,病假补贴以及病孩家长补贴均高达工资的90%;再加上高税收,致使一些泡病号的人以及请假照料病孩者所蒙受的收入损失很小。据托尔贝统计,瑞典职工平均一小时工资约36—37克朗,一名工人如因病或照料病孩而缺勤一小时,其纳税后收入只减少6克朗。但他却能因此而享得一小时闲暇时间。托尔贝认为,正是由于人们为获取闲暇而支付的成本过低,因而对请假或缺勤抱"轻率"态度。托尔贝还进一步指出,一个人缺勤一小时,个人的收入损失虽只有6克朗,但社会所蒙受的损失却比它大得多。因为社会损失了一小时的生产,而这一小时所创造的收入中除了工资部分36克朗以外还有利润部分,也就是说,社会损失远在36克朗以上。① 斯托尔还指出,在那些称病或声称要照顾家中病号而要求请假的人们中间,有一部分人并没有真正享用闲暇,也没有蒙受个人的收入损失,而是从事某些逃税的"地下经济"活动,赚得更多的收入。这些"地下经济"活动包括房屋修缮、汽车修理等。在建筑业的全部交易额中,为逃税而经营"地下经济"活动的约占5%(大多数为修缮业务)。甚至也有极少数人从事贩毒的犯罪活动。据估计,70年代末各种麻醉性毒品的销售总额,约占到国民生产总值的2%。②

在所谓闲暇成本或缺勤成本很低的情况下,泡病号和请假缺勤的现象相当普遍。据隆德大学经济学教授拉斯·乔南告诉我,该校校医院的医护人员约超编1/5,因为经常有1/5的人请"假",不得不请"临时工"来代替。而这批临时工实际上也就成了长期的、正式的

---

① 托尔贝:《瑞典的福利国家与经济增长》(研究报告)1980年,第12页。
② 斯托尔:《处于中间道路末路的瑞典》(研究报告)1981年,第24页。

职工。这自然是很突出的一个例子,但这种情况却不同程度地普遍存在着。据统计,在整个 70 年代里,一方面就业人数平均每年以 0.7% 的速率增加,另一方面工作总时数却平均也以每年 0.7% 的速率减少。以 1979 年为例,按一年工作 46 周、每周工作 40 小时计,则平均每位就业者的全年工作总时数应是 1,840 小时,而实际上 1979 年每名就业者平均只工作了 1,440 小时,每人全年平均出勤率只及 78%。① 这里值得指出的是,在资本主义制度下,"怠工"常是劳动者抗拒剥削的一种斗争方式。仅就这点来讲,可以说,在当代瑞典的经济制度下,出勤率低及其给生产率带来的消极影响,有着极其深刻的社会根源。

有些瑞典经济学家提出了另一些不利于提高生产率的因素,这些因素也与某些福利设施和法令相联系着。例如,劳动力的移动性与生产的灵活性问题。总工会积极支持劳动力移动的政策,即将劳动力从低效率的部门和地区迁移到高效率的部门和地区去。而在 70 年代,特别在 70 年代中期后,随着经济情况恶化,失业增多,总工会对待这项政策的态度也改变了。它积极支持 1975 年通过的《阿门法案》。这项法令不仅对企业解雇工人的权力加以约束,而且限制企业减少生产线路上的雇员,即使这些生产线路因效率的提高而可以减少工作人员也不能轻易获允。工会往往把"职工安全"不仅解释为不许失业,而且解释应尽量维持工人在原地、原部门、原企业继续就业。人们说这实际上是一种"三个人的工作五个人来做"的政策。处于经济困难的情形下,瑞典政府为了维持国内政治局面的安定,在就业与效率两者出现冲突时,宁愿把就业置于优先地位。

最后还应提到这一情况,即一些受国际竞争严重打击的企业,不

―――――――

① 斯托尔:《处于中间道路末路的瑞典》(研究报告)1981 年,第 24 页。

仅是某些国有企业而且也包括一些私营企业,即使它们因技术落后、经营不善或市场滞销而连年亏损,在《阿门法案》的制约下,也不得随意关闭、停产或减产;如要关闭、停产或减产,必须与工会谈判。在此情况下,政府往往为维持就业而给予财政补贴或减税待遇。正如托尔贝在1979年的一篇文章中所说,"近几年来,一家多年亏损的工厂究竟是继续开办抑或关闭,经常是企业与工会谈判的主题。在某些情况下政府便介入并维持生产规模。近来瑞典资产阶级政党政府已给一些大垄断企业提供了财政支持"[1]。然而,许多经济学家认为,国家对私人企业的财政补贴或减税,特别是对国有企业采取"挖盈补亏"的办法,既削弱了先进企业又保护了落后企业,使一些企业失去了改进管理、革新技术的动力。再加上职工队伍中存在上述缺勤率高的问题,致使瑞典经济中出现相当严重的吃"大锅饭"问题,导致了低效率。总之,所谓高福利不仅带来了高税收、高通货膨胀率,而且也带来了低效率。这类低效率问题从70年代后半期以来已在社会上,特别是在经济学界引起了广泛的注意。林德贝克教授把这称为福利国家中的"挫抑积极性"或"泄劲"(disincentive)问题。关于林德贝克在这个问题以及其他重要问题上的观点,拟在后面专门加以述评。

第四节 竞争能力衰落

长期以来,随着福利费用开支与工资水平的增长超过或相当于生产的增长,随着生产率的增长减慢以及经济效率的下降,瑞典的产品成本以及各项事业的成本都提高了。诚然,70年代以来进口原材

---

[1] 托贝尔:《瑞典的福利国家与经济增长》(1980年研究报告),第18页。

料和燃料价格的上涨,是促使瑞典产品成本不断提高的一个重要因素,也是瑞典产品成本增长的外部原因。但若从其国内因素看,则工资的增长以及企业为支持各项迅速增长的福利开支而承受的各项税务(包括对社会保险部门的缴纳),无疑也是造成产品成本上升的另一个重要原因。

瑞典总工会在其出版物中承认,"瑞典名义工资水平的增长率,在世界上一向是最高的"[①]。但工资率的提高,并不一定就意味着产品成本的增长,因为,工资的增长可以靠利润的减少来补偿。但在资本主义制度下,一般说来这是不可能做到的。即使在利润不减少的条件下,工资的增长是否导致产品成本增加,也要视生产率提高的速率而定。如果工资率的提高速度小于生产率的增长速度,则单位产品成本不仅不上涨,往往下降,反之,则单位产品成本势必上升。就瑞典情况而论,制造业的生产率(每人/时产值)在60年代的年均增长率为7%,工资增长率则大体与之相适应;而在70年代生产率的年均增长率已降为3%,工资增长率则大大超过它。仅1974—1976年工资率便提高了50%,1977年工资率又比1976年提高了7%,1978年再提高了8.6%,1979年又比1978年提高了10.8%。[②] 因此,仅就这一方面看,似乎可以说是工资率提高的速度超过了生产率增长的速度,从而导致瑞典产品成本的增长。这只是问题的一方面。

另一方面,如果以工资率的上涨跟物价的上涨相比较,则可看到工资率的上涨速度也超过了物价上涨率(见表4-13)。

[①] 见福尔塞巴克:《瑞典的工业关系与就业》,1980年英文版,第76页。
[②] 瑞典研究所:《瑞典实况简介:瑞典工业》,1980年版。

表 4-13　1970—1979 年瑞典工资和物价的上涨（以 1970 年为 100）

年份	工资	物价
1970	100	100
1971	110	107
1972	122	114
1973	133	127
1974	149	134
1975	175	147
1976	197	162
1977	214	181
1978	233	199
1979	258	213

资料来源：《斯堪的纳维亚经济学杂志》1983 年第 1 期，第 14 页。

如果就工资率（每小时工资）进行国际比较，则可看到，战后以来，瑞典的工资水平比西方许多国家提高得更快些，特别是 70 年代。1974 年的世界经济危机对瑞典的袭击要比对西方其他国家的袭击来得晚些，由于瑞典政府采取了削减增值税、给企业提供巨额补贴（如原料贮存补贴等）以及创造就业的计划，因而在一个短时期内，当其他西方国家陷入经济危机的困境时，瑞典的生产、投资、就业仍继续上升。正如某些经济学家所描绘的，一种"过度乐观主义"情绪弥漫着瑞典企业界。瑞典的工资水平在 1974—1976 年比"经济合作与发展组织"（OECD）各国高 30％左右[1]，此后五年来一直保持这种水平。因此，瑞典的工资率之高堪居西方各国之冠（见表 4-14）。这里必须指出，名义工资率对劳动者并无实际意义。前面我们已揭示这一情况：在高税收和高通货膨胀率的夹击下，工人的可支配实际收

---

[1] 梅尔逊：《危机中的福利国家》，1982 年英文版，第 110 页。

入在70年代是下降的。

表4-14 1981年各国工资率（每小时工资）比较

单位：克朗

	瑞典	比利时	挪威	美国	荷兰	丹麦	加拿大	法国	意大利	芬兰	奥地利	日本
工资率	81	59	57	56	53	51	50	43	42	41	40	35
比较（以瑞典为100）	100	73	70	69	65	62	61	53	52	51	49	43

资料来源：瑞典全国雇主协会：《瑞典经济实况》，1982年英文版，第13页。

以上考察的只是瑞典产品中的工资成本。而瑞典企业除了给工人支付工资外，还要给政府和社会保障部门支付"工资总额税"。这项工资总额税包括中央级工资谈判所商定的各种集体福利费用；1974年后，职工为参加各项社会福利计划所必须缴纳的费用，均纳入工资总额税内，由企业支付。这笔工资总额税在1950年只相当于企业职工工资总额的6%，至70年代初便增至14%，70年代末和80年代初已相当于企业工资总额的40%。① 瑞典经济学家把工资总额税和工资一道都计入劳动成本。因而，瑞典单位产品的劳动成本增长很快，至80年代初竟高达70年代初的2.5倍（见表4-15）。

表4-15 1970—1980年瑞典单位产品劳动成本的增长率（%）

（以1973年为100）

年份	增长率	年份	增长率	年份	增长率
1970	85	1974	114	1978	192
1971	91	1975	139	1979	192
1972	96	1976	162	1980	212
1973	100	1977	180		

资料来源：瑞典全国雇主协会：《瑞典经济实况》，1982年英文版，第25页。

---

① 伯尔蒂尔·荷姆隆德："工资总额税和工资膨胀——瑞典经验"，刊《斯堪的纳维亚经济学杂志》1983年第1期，第1页。

单位产品劳动成本的增长,再加上进口原材料、燃料价格的上涨,造成瑞典产品成本的全面上涨。一方面是产品成本全面上涨,另一方面是生产率增长率急剧下降,再加以70年代的国际竞争加剧,其严重后果之一,便是大大削弱了瑞典产品在国际市场上的竞争能力。据统计,如以瑞典产品在世界市场上所占的份额来表示它的竞争能力或它在世界市场上地位,则70年代以来,瑞典商品的竞争能力以及它在世界贸易中的地位日趋下降(见表4-16)。

表4-16 1970—1981年瑞典出口商品在世界贸易总额中的比重(%)

(以1973年为100)

年份	比重	年份	比重	年份	比重
1970	107	1974	97	1978	80
1971	104	1975	93	1979	81
1972	99	1976	86	1980	74
1973	100	1977	80	1981	69

资料来源:瑞典全国雇主协会:《瑞典经济实况》,1982年英文版,第26页。

竞争能力衰退和出口相对缩减,再加以瑞典所依赖的进口原料、燃料涨价,致使瑞典自1973年以后,连年出现外贸逆差。由于1977年实现克朗贬值,1978年出口大增而导致顺差,但翌年又转为逆差,1980年外贸逆差竟达116亿克朗。与此同时,其他国际收支项目(包括船运收支、旅游收支、劳务收支等)也自1974年起连年出现逆差,至1980年国际收支逆差达188亿克朗。1981年外贸逆差虽减至28亿克朗,但由于其他国际收支项目仍有巨大赤字,故国际收支最终仍有158亿克朗逆差(见表4-17)。

表 4-17　1970—1981 年瑞典外贸和国际收支差额

单位：十亿克朗

年份	外贸差额	国际收支差额	年份	外贸差额	国际收支差额	年份	外贸差额	国际收支差额
1970	-1.1	-1.4	1974	-3.4	-2.4	1978	5.1	0
1971	2.0	1.1	1975	-0.6	-1.5	1979	-5.1	-9.9
1972	3.1	1.3	1976	-5.2	-7.1	1980	-11.6	-18.8
1973	5.5	6.2	1977	-4.9	-9.5	1981	-2.8	-15.8

资料来源：瑞典全国雇主协会：《瑞典经济实况》，1982年英文版，第27页。

我们知道，瑞典每年的进口、出口一般都各约占到国民生产总值的25％—30％，工业产品约有47％是仰赖国外市场。对于一个像瑞典这样依赖于对外贸易和国际市场的国家，竞争能力衰退与国外市场萎缩简直是一种严重的"窒息症"，它的发展势必威胁着瑞典资本主义经济的生存。为了提高竞争能力以扩大产品出口，瑞典政府从两方面采取措施。一是压低工资增长速度，以降低产品劳动成本。但要做到这一点并不容易。为什么？因为，从表面上看，政府和企业主张要求降低的只是工资增长速度，而非工资水平本身。其实，在1974年以后消费品价格平均每年上涨10％以上的情况下，所谓压低工资增长速度，就是力图使之低于物价上涨的程度，降低工人的实际工资。这自然招致工人群众的反对。1980年4月，全国工人为了捍卫自己的经济利益和政治权利，曾举行了战后以来罕见的总罢工。尽管总工会于1981年还是接受了连全国雇主协会也都承认的"特别低的工资增长率"①，但翌年瑞典战后第一届由中央党、温和联合党和人民党三党组成的联合政府便在竞选中垮台。瑞典经济学家广泛

---

① 参阅梅尔逊：《危机中的福利国家》，1982年英文版，第10—11页。

地认为，靠压低工资增长率来降低产品成本以提高产品竞争能力的策略，是难以成功的，甚至有一定的政治风险。二是实行克朗贬值，以便在国际市场上降低产品成本，提高竞争能力。在 70 年代，瑞典政府虽多次采用贬值这一手段，仅 1977 年一次便宣布克朗贬值 17%。尽管瑞典极力控制工资增长率和一再实行克朗贬值，均未能改善瑞典在国际市场上的景况。于是，1981 年 9 月再次宣布克朗贬值 10%，而 1982 年 10 月社会民主党于再次上台执政的第二周就宣布克朗进一步贬值 16%。尽管瑞典政府在每次宣布克朗贬值时都宣布冻结国内物价一个时期（如 1982 年 10 月宣布冻结物价 6 个月），其实，这种冻结物价的措施，与其说是针对垄断企业出售产品的价格，不如说是为了压制工人提高工资的要求，更何况各行业工人的工资率都是由中央级集体谈判所达成的协议规定的。这类由中央级集体谈判所达成的几百个各行业工资协议，协议期一般是两年或者更长些。[①] 物价只是冻结几个月，而工资协议规定的工资率得保持几年。这样，在物价解冻之后至下轮工资协议达成之前，垄断企业便可通过涨价来对广大劳动群众进行掠夺。所以，克朗贬值之实施，势必加剧劳动群众与垄断资本之间的矛盾。不仅如此，由于瑞典是欧洲自由贸易联盟的成员国，它的贬值也经常招致其他成员国的反对。所以，要实施克朗贬值的措施，对于瑞典统治集团来说，也是困难重重的。

第五节　经济结构危机及失业增加

在国际竞争日益加剧的情况下，瑞典一些的传统产业衰败下来，

[①] 福尔塞巴克：《瑞典的工业关系与就业》，1980 年英文版，第 56—60 页。

其经济结构正经历着痛苦的而又无法避免的改组,失业问题日趋严重。

长期以来,瑞典所一向倚重的传统工矿业部门有采矿(铁矿石)、钢铁、纸浆和纸张、造船、航运、木材加工等。当然,这些传统产品主要也是面向国际市场的。战后初期,国际市场上对瑞典的这些传统产品的需要增长很快,在 1946—1951 年间,铁矿石、钢铁、纸浆和纸张等的价格上涨了两到三倍,这些传统产业部门的企业赢得了巨额利润。至 60 年代,瑞典工矿原料产品的出口在国际市场上开始遇到竞争。但是,那时一则因为瑞典经历朝鲜战争时期的"原料景气"之后不久,在经济力量上还有一定的优势,二则因为 60 年代上半期西欧国家主要还忙于进行一系列的经济结构调整以适应西欧经济一体化的需要,因而瑞典经济发展的颓势一时还不显著,所以在 60 年代中期以前,瑞典在世界贸易总额中的份额总是趋于扩大的。

瑞典经济学家们把 60 年代中期或 1965 年前后称为瑞典战后经济发展的"分水岭"。因为自 60 年代中期以后,瑞典经济的发展,跟西方其他许多国家相比较,的确开始减慢。在 1965 年以前,塑料、冶金、机械等部门开办了许多新的产业公司,但这以后竟然大大减少。60 年代后半期企业兼并之风甚盛,产业部门的就业问题也随之尖锐。在能源危机、世界经济危机和国际竞争的打击下,瑞典经济日益陷入困境,它的对外竞争能力日趋衰弱。据统计,至 1974 年,瑞典已把自己在第二次世界大战期间和战后一段时期在世界生产和贸易总额中所赢得的份额,完全丧失殆尽,即瑞典 1974 年在世界生产和世界出口贸易总额中的比例,已跌回到 1920—1930 年的低水平。[①] 而 1974 年以后,瑞典在世界出口贸易中的份额更是瞠乎他人之后。表

---

① 卡尔逊:《20 世纪 80 年代的瑞典经济》,1980 年英文版,第 112 页。

4-18说明:在1973—1981年间,世界出口贸易增长了32%,而瑞典出口只增长了8%。

表4-18　1973—1981年瑞典的出口和世界出口贸易发展情况

(以1973年为100)

年份	1973	1974	1975	1976	1977	1978	1979	1980	1981
瑞典出口	100	104	91	97	96	101	108	106	108
世界出口贸易	100	105	101	113	117	123	132	135	132

资料来源:瑞典全国雇主协会:《瑞典经济实况》,1982年英文版,第24页。

为什么60年代中期以后瑞典的经济发展会越来越落后呢?这主要是在资本主义发展不平衡规律的作用下,其他国家对瑞典所一向倚重的传统出口原料产品的需求相对萎缩了,竞争者增多了。许多瑞典经济学家基本上都持有和卡尔逊教授相同的意见:"瑞典之所以会有此相对的衰落,原因很多。但最重要的原因之一,乃是瑞典过于倚重于原料的生产,瑞典原料基地的物质资源有限,以及国际贸易总额中原料贸易的增长相对缓慢。"[1]其实,不仅传统出口原料产品(如铁矿石、纸浆、木材等)如此,某些工业制成品(如造船、纺织品等)亦如此。瑞典著名经济学家伦德堡也认为,70年代瑞典之所以遭遇了巨大的经济困难,"不仅是经济周期运动所造成的,而且也是经济结构的改变和经济结构的危机所造成的"[2]。这种"结构危机"尖锐地表现为:过去为瑞典赚取巨额利润的传统出口部门,现在却连年亏损累累。据统计,原料工业和采矿业(铁矿石)的纳税前毛利润率从50年代初的65%—70%,急剧下降,至70年代末反而亏损30%—35%;至于钢铁工业部门的毛利润率,则从50年代的29%左右降到

---

[1] 卡尔逊:《20世纪80年代的瑞典经济》,1980年英文版,第113页。
[2] 伦德堡:"瑞典经济的结构问题",刊《斯堪的纳维斯卡银行—恩斯基尔达银行评论》1978年3—4月号,第59页。

70年代初的7%,至70年代末更进一步降为3%。①

造船业一向是瑞典的一个传统出口部门。在整个60年代和70年代初期,即使在日本造船业加入了国际竞争并给其他传统的造船厂家带来巨大困难的条件下,瑞典造船业仍是欧洲唯一能与日本较量的对手。在1965—1974年间,瑞典造船业的生产增长了60%,平均每年增长5.2%。但自1974年以后,形势便急转直下。船舶订单逐渐减少,在许多情况下只有那些无利可图的订货才能到手。它所制造的船舶(特别是大型油船)在国际市场上已失去了竞争能力。它被迫大幅度减产,至70年代末沦于不仰赖政府财政帮助便根本无法生存的地步。原因何在呢?有些瑞典经济学家把造船业的危机主要归咎于三个原因。(1)世界范围内造船业生产能力过剩,1973—1974年石油危机爆发后对大型油槽船的需要锐减。(2)瑞典造船业在过去所拥有的技术优势消失了。对新技术、新设备、发明研究的投资相对微薄,使得瑞典造船业自70年代以来在技术进步上已不再居于领先地位,其他国家以比瑞典更先进的技术和更低的成本,制造出同类型船舶。这些国家不仅有西欧、日本等老竞争对手,还增加了像波兰、南斯拉夫、巴西、新加坡等对手。(3)瑞典产品成本(包括劳动成本)普遍剧增,严重削弱了造船业的竞争能力。尽管瑞典政府一再实行克朗贬值,使瑞典出口品成本的暴涨势头稍有抑制,但仍未能改变瑞典出口品成本增加的趋向。在70年代末,日本为制造一般普通商船所花费的生产成本只及瑞典的75%,而韩国只及瑞典的65%。②据称,船舶成本差距之所以这么大,主要是由于劳动成本差距大和生产能力利用不充分所致。瑞典造船业的生产成本如此之高,自然无

---

① 卡尔逊:《20世纪80年代的瑞典经济》,1980年英文版,第117页。
② 拉斯·厄里克·坦哥尔摩:"瑞典造船业的危机",刊《斯堪的纳维斯卡银行评论》1978年3—4月号,第66页。

法应付70年代世界市场相对萎缩、国际竞争加剧的局面。为此,不得不采取紧急的调整措施:除了由国家给予巨额补贴外,造船业还大幅度削减生产规模,1976年削减生产30%,1978年又进一步削减了20%。①

正是由于瑞典的几个传统的重要工业部门的结构问题是如此之严重,以致一般的经济政策措施都无法解救它们,所以政府采取了"激烈的结构改革"办法,即"由政府推行一项调整计划,目的在于大幅度削减总生产能力从而使保留下来的生产更具有竞争能力"。②为了推行这项调整计划,政府通过提供投资、贷款或信贷保证等方式给这些私人公司以经济援助,条件是要把企业的生产与就业削减到足以使企业转亏为盈的程度。除了造船业削减生产外,钢铁工业要在80年代最初的几年内削减生产20%;纺织工业也削减了生产规模,把从业人员由1970年的7万人减到1978年的4万人。

由于一些传统生产部门因深深地陷入结构性危机而大幅度压缩了生产规模,新的投资方向尚未完全确定,再加上世界性经济衰退的影响,这一切使得瑞典经济自70年代下半期以来日益陷于慢性衰退之中,或者说,陷于慢性的"滞胀"之中。结果,越发加剧了日趋严重的失业问题。据统计,失业人数已从1976年的6.6万人增加到1981年10.8万人,占1981年劳动力总数的2.5%(见表4-19)。当然,这个数字是被缩小了。我在前面已指出过,瑞典的失业统计中并未包括那些因找不到工作而参加培训,参加政府津贴的各项社会工程的人们。如果把这些半失业者加进去,则失业者人数在1981年为22.3万人,失业率达5.5%,至1982年失业率已达7%左右。

---

① 瑞典研究所:《瑞典实况简介:瑞典造船业》,1980年版。
② 同上。

表 4-19　1976—1981 年瑞典失业人数

单位:万人

年份	1976	1977	1978	1979	1980	1981
失业人数	6.6	7.5	9.4	8.8	8.4	10.8

资料来源:瑞典全国雇主协会:《瑞典经济实况》,1982 年英文版,第 50 页。

*　　　　　*　　　　　*

以上我们对"瑞典病"的症状做了初步考察。诚然,"冰冻三尺、非一日之寒",今日的"瑞典病",乃是长期推行所谓高福利、高缴纳政策所造成的结果。正如瑞典许多经济学家所认为的,"'瑞典病'的最大原因是公共部门的扩大速度一直比国民生产总值增长的速度快"[①]。从战后瑞典的经济发展以及目前的"瑞典病"中,人们能得出一些什么样的教训呢?这里,介绍一下某些瑞典人士的看法。

1. 在社会福利开支过度膨胀、工资迅速增长、税收高达人们工薪收入的 60% 的情况下,社会消费(特别是公共消费)增长过大,超过了生产的增长,竟达到国民生产总值的 67%—70%,这不能不造成消费与积累的严重失调。这是瑞典经济学家们经常谈到的一点教训。西方经济学家过去经常谈论工资的刚性;而现在西方国家的福利设施和待遇也有其刚性,即一经提高便难以降下来。特别是在工人组织力量较强大的地方,情况更是如此。无论是社会民主党还是其他资产阶级政党,每逢竞选总是以扩大社会福利设施的许诺来争取选票,担心一旦削减便会激起工人方面的激烈行动(如总罢工之类)。可见,这种刚性乃是资产阶级为维护自己的政治统治而表现出的一种"妥协"。正因为如此,在中央党、温和联合党和人民党三党组成的联合政府于 1976 年取代了执政达 44 年的社会民主党政府之

[①] 转引自《世界经济》1982 年第 6 期,69 页。

后,虽想削减福利开支和工资也不敢贸然行动;至1980年曾一度试图控制工资和福利费用的增长速度,竟酿成1980年的全国总罢工。结果,公共开支在其执政的1976年至1982年2月间持续增长。目前,瑞典经济学家中间许多人都认为,福利开支及工资的增长速率都必须加以缩减或控制;有的报刊提出,"瑞典人民提前享得了许多福利待遇,而这些福利的享得后来证明是经济能力所无法负担的,现在是必须停下来为60年代和70年代的福利改革付账单的时候了"。问题是如何能够做到,既对工资与福利的提高加以控制使之与生产的增长相适应,而又为广大劳动群众所接受,不致酿成政治风波,这是20世纪80年代初瑞典统治集团、政府及其谋士们所难以解决的难题之一。

2. 战后瑞典政府实施的高福利和高税收,实际上也把所谓"收入均等化"作为一个重要战略目标。社会福利开支的增长,意味着由国家或社会"包"下来的消费项目增长。但问题是,这些福利设施增多和费用增加,却导致一种吃"大锅饭"的心理日趋严重。从其微观效果看,则削弱了个人和企业的工作动力,损害了效率。不少人就此谈论"平等"与"效率"的矛盾,即追求了收入均等却导致效率下降。从其宏观效果看,则把过多的社会资源集中地用于扩大公共消费,严重削弱了总储蓄、总投资、技术进步与生产率增长。这里看来存在一个平等与效率的矛盾问题。有些经济学家指出,巨额的政府财政补贴只是被用来支持一些落后企业来维持就业,而不是用来帮助它们革新技术装备,结果严重地损害了经济效率。总之,无论从其微观效果抑或从其宏观效果看,高福利和高税收之推行,都加剧了所谓平等与效率的矛盾。本来,所谓现代资本主义经济制度下的平等与效率的矛盾问题,是美国已故经济学家奥肯在20世纪60年代末就战后美国的经济发展情况提出的。现在,这个矛盾在瑞典无疑要比美国尖锐得多。在现代垄断资本主义制度下,这个矛盾能否得到解决?如何才能解决?这是瑞典统治集团、政府及其谋士们经常感到焦虑的又一大难题。尽管目前瑞典没有人主张取消福利设施,但越来越多的人认为,公共消费和开支过度膨胀乃是战后瑞典经济发展的重要教训之一。那么,究竟什么是适度的公共消费和开支规模呢?林德贝克告诉我,他虽然还没有进行过这方面的专门研究,但他个人的初步意见是公共开支最多不能超过国民生产总值的50%。有些人则认为50%也还嫌多。

3. 瑞典的工矿业产品将近有50%依赖出口,而燃料和某些重要原料的供给则又在很大程度上依赖进口。对世界市场的严重依赖性,致使"瑞典病"在70年代能源危机、世界经济危机、国际原料价格波动和世界性通货膨胀的打击下,显得格外地沉重。本来,瑞典长期以来未经历过战争破坏,因而战后一段时间(50—60年代)它在经济上处于相对优越的地位,在世界市场上未曾遇到强劲的竞争。可是,战后很长时期内它却致力于搞高福利、高消费,放松了资本的积累和技术设备的更新。而一些受战争破坏的国家战后却致力于资本积累和技术更新,用先进技术把自己的工农业重新装备起来。一俟这些国家投入国际竞争后,瑞典一些传统的主要工业部门便败下阵来。一些瑞典经济学家颇有感慨地说:一些二战的战败国,却因祸得"福",而瑞典工业却反倒因福得"祸",躺在各项福利设施上坐失大好时机,耗费了巨额财力和物力。他们对此引为一个重大教训,为之追悔痛惜不已。

上述这些教训,也是瑞典经济在20世纪80年代所面临的一些主要矛盾。这些矛盾集中到一点,即是:一方面,出于政治上缓和国内阶级矛盾和斗争以寻求国内和平、经济上防止经济危机以寻求经济稳定的需要,瑞典统治集团不能不在所谓"福利国家"旗号下不断扩大公共开支；另一方面，瑞典的资本主义经济又无力承担为了维护政治的和经济的统治所必须承担的"任务"。这个矛盾如何解决？瑞典经济今后往何处去？这是近几年来瑞典朝野和经济学界广泛讨论的一个重要议题。在这个问题上，尽管众说纷纭，但主要有两种意见：一种是主张往后退几步，即要求更多地依靠市场机制，减少国家对经济的干预和缩小公共开支；另一种是主张实施"职工投资基金"计划，以便用所谓"职工集体所有制"（由工会代表职工集体）来取代垄断资本占有制。后一主张是由总工会于20世纪70年代中期提出，已于1982年成了社会民主党竞选纲领的一个组成部分，1983年被社会民主党政府宣布为一项基本政策，准备逐步推行。近几年来瑞典朝野，特别是经济学界，环绕着这个"职工投资基金"计划进行了长期而激烈的争论。这个问题，在瑞典经济学界引起了强烈的反应。

鉴于瑞典推行各项福利措施曾对瑞典经济理论的发展有相当的影响，而瑞典经济理论的发展也与瑞典的福利政策和设施有很大的关联，本书下一章将着重联系战后瑞典经济的发展，对战后瑞典经济学的发展做一简要述评。至于瑞典经济学界关于瑞典的前途问题，特别是关于"职工投资基金"计划的讨论，也将在下一章里一并加以介绍。

第五章　瑞典福利国家的主要经济理论

第一节　瑞典学派的先驱

瑞典学派,亦称北欧学派或斯德哥尔摩学派,乃是现代资产阶级经济学中的一个重要流派。它起源于19世纪末和20世纪初,形成于20世纪20—30年代。它的形成和发展,与国家垄断资本主义的产生和发展有着密切的关系,从而也与瑞典的所谓"福利国家"经济(或瑞典式"混合经济")的发展有着密切的关系。可以说,瑞典学派为瑞典"福利国家"的推行提供了主要的理论基础。

一般认为,瑞典学派的策源地是斯德哥尔摩大学和隆德大学。19世纪末和20世纪初在这两个大学任教的达维·达维逊、古斯塔夫·卡塞尔、纳特·魏克赛尔三人,乃是公认的瑞典学派的三位奠基人。20世纪30年代以后,对于瑞典学派的形成与发展起过重大作用的有林达尔、米尔达尔、俄林、伦德堡、哈马舍尔德等。值得注意的一点是:瑞典学派的影响不只限于北欧国家;另一方面,不是所有瑞典经济学家都属于瑞典学派成员,特别是战后以来,凯恩斯主义的理论与政策对瑞典经济学界有着明显的影响。

在瑞典学派的三位奠基者中间,以魏克赛尔(1851—1926)的著作对瑞典学派的形成影响最大。魏克赛尔早年就学于瑞典东部乌普拉大学,学的是数学。从青年时代起就关心社会问题,中年便转而研究经济学,至 1895 年获经济学博士学位,以后赴英、德、法、奥等国游学,1900—1910 年在瑞典隆德大学教授经济学。他是一名激进的资产阶级改良主义者,维护资本主义经济制度,但又力主经济改革和社会改革,着重鼓吹财产和收入的均等化分配;与此同时,他主张进行政治改革,反对君主制度,鼓吹代之以资产阶级民主制。1905 年曾由于发表了过于激进的演说而入狱数月。1916 年从隆德大学退休。他的主要著作有三:《价值,资本与地租》(1893 年)、《利息与价格》(1898 年),以及《国民经济学讲义》(二卷本,分别出版于 1901 年和 1906 年)。

魏克赛尔在经济学理论方面主要受奥地利学派和洛桑学派的影响,用美籍经济学家熊彼特的话说,魏克赛尔的经济理论有"两大支柱","一个是瓦尔拉的,另一个是庞巴维克的"[1]。魏克赛尔就是在庞巴维克的边际效用价值和瓦尔拉的一般均衡论相结合的基础上形成了自己的理论体系,提出了具有改良主义色彩的政策主张。他所涉及的问题较多,这里仅着重就其理论体系中与后来福利国家的发展有较多联系的两个重要方面,做一简要评介。

第一,魏克赛尔通常最为资产阶级经济学家所推崇的,据著名英国经济学家罗宾斯说,"乃是他的关于货币利息率、自然利息率跟一般价格水平运动之间的关系的理论"[2]。魏克赛尔之所以对这方面问题给予巨大关注,绝非偶然。因为,历来经济危机的来临,总表现为价格的下跌和利息率的下降。整个经济的周期性波动,也总首先通过价格和利息率的波动表现出来。魏克赛尔正是从边际效用论和一般均衡论出发,通过对利息率和价格的运动的研究,提出了所谓

---

[1] 熊彼特:《经济分析史》,1976 年英文版,第 91、952 页。
[2] "罗宾斯序",刊魏克赛尔:《讲演集》第 1 卷,1934 年英文版,第 XVI 页。

"货币均衡论",希冀给经济的周期波动一个"理论的说明"。所以,他的货币均衡论,实际上是他关于经济周期的理论或关于经济危机的理论。

魏克赛尔的货币均衡论的一个重要特点,就是提出了与"市场利息率"(或"货币利息率")有区别的"自然利息率"这个概念。所谓市场利息率,是指金融市场上以货币表现的借贷利息率;所谓自然利息率,则是指在借贷资本不用货币形式而用实物形态进行活动的情况下,由这时的资本供求情况所决定的利息率。[①] 这种把实物经济与货币经济区别开来的分析方法,很有特色。因为按照传统庸俗观点,货币的职能只是充当交换的媒介,货币只是覆盖在实物经济活动上面的一层"面纱";实物经济活动并不因为货币的介入而受到任何影响。但魏克赛尔却认为货币经济与实物经济之间有着本质的差异,有必要把两者区分开来。最重要的是必须把自然利息率跟市场利息率区分开来。这个"二分法"的分析方法,成了瑞典学派的一个特色,对于西方其他国家的经济学也有一定的影响。

魏克赛尔强调指出,自然利息率的特点不仅是"实物形态"的,不仅它的大小是由资本的边际生产率决定的,而且它对一般价格水平没有影响,"既不会使之上涨,也不会使之下跌"[②]。他把这些作为"一般原理"概括如下:"任何时期和任何情况下,总有某一个利息率,使得货币的交换价值和商品价格的一般水平均无变动的倾向。这个利息率称之为正常利息率,其水平由当时的自然利息率(生产资本的实际收益)所决定,并且必定随之而升降"。[③]

魏克赛尔说,如果在借贷市场上市场利息率低于自然利息率,这

[①] 参阅魏克赛尔:《利息与价格》,商务印书馆 1959 年版,第 83 页。
[②] 同上书,第 83—85 页。
[③] 林达尔主编:《魏克赛尔经济理论文选》,1958 年英文版,第 82—83 页。

时投资有利可图,从而投资增加;投资大于储蓄,生产扩张和收入增加,物价随之而上涨。这一经济扩张过程将累积地进行下去,直到工资和物价的上涨引起成本增加和预期的资本收益下降,最终导致市场利息率提高到与自然利息率相等时为止。反之,如果市场利息率高于自然利息率,这时势必发生一种经济收缩过程,这一过程将累积地进行下去,直到市场利息率降到与自然利息率相等时为止。只有在市场利息率等于自然利息率的情况下,投资等于储蓄,货币的供求平衡、物价水平不会发生变动,整个经济体系才处于平衡状态。只有在这种均衡条件下,货币才仅起着交换媒介和计价单位的作用,不再对经济体系的运行施加任何其他影响,或者说这时的货币,被称为"中性货币"。

很明显,魏克赛尔的货币均衡论所要试图说明的,实际上是经济的周期性运动。其实,在资本主义经济制度下,货币的运动(扩张或紧缩)只不过是经济周期性运动的一种现象,不是它的本质,更不是它的根源。魏克赛尔本末倒置,把资本主义周期性运动归因于货币因素,归咎于市场利息率和自然利息率的背离,从而把自己关于经济周期性波动的研究变成为一种现象的描绘,深刻地反映出现代资产阶级经济学的肤浅性。

但魏克赛尔正是借助于自己的这个理论,提出了通过调节利息率以克服经济周期性波动、对国民经济实施宏观"调节"的政策主张。他提出既然进行调节的关键在于使市场利息率与自然利息率保持一致,那么,就可以拿"当前的商品价格水平"作为检验这两个利息率是否一致的可靠的检验标准。这样,以价格水平的运动作为"指示器","如果价格上涨,利率即应提高;如果价格下跌,利率即应降低;以后利率即保持在新的水平上,除非价格发生了进一步变动,要求利率向这一方或那一方做进一步的变动"①。据此,他企图通过对利息率的调节来熨平经济的周期性波动,提出:"如果银行能做到:在经济开始上升时期就及时地将利息率提高,而在萧条时期又能尽早将利息率降低,那么基本上就可以消除那些形成经济危机的因素。"②诚然,调节利息率对于投资、储蓄、消费以及整个经济运动进程会产生一定影响,但它根本不触及周期性波动的根源。这种理论和政策既不能说明、更不能消除经济周期性波动的根源,究其实,则是为推行国家对经济活动的干预提供理论依据。

第二,魏克赛尔理论体系中的另一个重要思想是:资本主义生产制度是"优越的",因为自由竞争能够有力地促进生产发展,促进合理而节约地利用资源;但资本主义的分配制度是有缺陷的,它必然带来贫富对峙,应当进行改革。他在分析了自由竞争在生产方面的积极作用之后,得出结论说:"自由竞争通常是实现最大化生产的一个充分条件。但是,这个生产最大化却总和劳动这个要素在分配中的份额的减少相结合。这表明:那些把自由竞争视为能使社会全体成员的需要或愿望都获得最大满足的充分手段的人,犯了何等严重的错误。"③

那么,为什么在自由竞争的资本主义制度下,劳动者在收入与分配中的地位会趋于恶化呢?他从马尔萨斯主义出发,认为劳动者在收入与分配中的地位日益恶化,"主要原因乃是劳动这个生产要素由于人口增长而不合比例地增加。劳动者人数的这种不合比例的增加,在其他条件不变的情况下,势必日益降低劳动的边际生产力,从

---

① 魏克赛尔:《利息与价格》,商务印书馆 1959 年版,第 152 页。
② 魏克赛尔:《讲演集》第 1 卷,1934 年英文版,第 241—242 页。
③ 同上书,第 141 页。

而降低其工资"①。另一原因是机器的采用和技术的进步也使劳动者难以保持自己的工作和收入水平。②他说:"伟大的工业发明,虽然常常使得生产革命化,但我们可以看到,它起初往往总是把许多工人变为乞丐,而资本家的利润却猛涨。"③

于是,他从资产阶级激进主义观点出发,认为人们之间虽有千差万别,但在享受生活的能力与愿望方面则是"一样的",而人们在财产分配方面的差别或不平等则不容忽视。于是他借助边际效用论,提出对收入分配加以调节的主张,认为通过收入再分配,缩小贫富之间的收入差距,就可提高整个社会的总效用。他说:"如果我们假设一个富人把他的消费进行到边际效用(即最后一个单位的效用)降到很小甚或等于零为止,而另一方面,一个穷人却在一切商品对他来讲还有很高边际效用时必须停止其对这些商品的消费,那么,便不难想象得到……若实行富人和穷人之间的交换,就可以导致双方合计起来的总效用,从而全社会的总效用,要比一切都听任自由竞争摆布时所获得的总效用大得多。"④魏克赛尔本人也为此投身到争取社会"改革"的社会活动中去,主张收入和财产的均等化分配,要求改善劳动者的工作条件,主张由工会来规定最低工资和最大工作日时数等等,鼓吹这个社会"改革"的"目标"应是"给所有人,无论其社会阶级、种族、性别、语言或信仰为何,带来尽可能大的幸福"⑤。总之,通过收入再分配去改善收入和财产的分配状况以"提高全社会的总效用",便成了以魏克赛尔为代表的瑞典学派推行收入均等化政策的主要理

---

① 魏克赛尔:《讲演集》第1卷,1934年英文版,第105页。
② 参阅林达尔主编:《魏克赛尔经济理论文选》,1958年英文版,第100—102页。
③ 同上书,第116页。
④ 魏克赛尔:《讲演集》第1卷,1934年英文版,第77页。
⑤ 参阅林达尔主编:《魏克赛尔经济理论文选》,1958年英文版,第66页。

论依据。

尽管魏克赛尔对资本主义分配制度颇多指责,但他维护资本主义生产制度的坚决态度,却充分反映出他的资产阶级的基本立场。在他看来,资本主义的生产给社会带来了巨大物质财富,只是由于分配制度造成的"不平等"才未能确保社会全体成员的需要与愿望都获得最大的满足。所以,他极力维护资本主义制度,而把攻击矛头严格地限于指向资本主义的分配,再三强调:"需要救治的弊病仅与社会的收入分配问题有关,而与经济上最为优越的生产方式无关。"[①]

仅从上述两个重要方面可以看到两点特色:(1)他极其关心资本主义经济周期问题,但把它归咎于货币因素,认为可以通过对经济(特别是对利息率)的调节来确保经济的稳定和充分就业。正如克莱茵所说,"瑞典经济学家的利息理论的确蕴含着这样一个意思,即利率的操纵是保证充分就业的一个适当的措施"[②]。这实际上是先于凯恩斯提出了对国民经济实行宏观管理的思想。(2)他也关心资本主义制度下的贫困问题,但把它仅归咎于资本主义的分配,认为可以通过收入再分配来加以解决。这实际上提出了把资本主义的生产与均等化的分配相结合起来的思想;并且把实现这个"结合"的任务,委托于资产阶级国家来进行。这表明:以魏克赛尔为代表的瑞典学派理论正是反映了瑞典国家垄断资本主义发展的要求。

其实,无论是魏克赛尔所要调节的经济周期波动问题,还是他所要抑制的贫困问题,其最终根源都在于资本主义生产资料所有制。货币的扩张与紧缩、利息率的涨跌,虽然对于物质生产过程的扩张与紧缩有一定影响,但它们相对于后者来说,毕竟是后者的一种现象形

[①] 魏克赛尔:《讲演集》第1卷,1934年英文版,第142页。
[②] 克莱茵:《凯恩斯的革命》,商务印书馆1962年版,第54页。

态,是第二位的东西。魏克赛尔把经济周期波动归咎于利息率的偏离,实是本末倒置。至于把贫困仅归咎于分配并把分配与生产割裂开来,也同样是错误的。因为分配取决于生产,正是"参与生产的一定形式决定分配的特定形式,决定参与分配的形式"①。魏克赛尔歪曲经济周期波动和贫困的根源,并散布对国家调节的幻想,其目的正是为了借助国家调节来维护资本主义所有制,从而为国家垄断资本主义的发展鸣锣开道。尽管魏克赛尔的理论体系是庸俗的,但它对瑞典的经济理论和经济实践都有着巨大的影响。在后来发展起来的瑞典学派理论上,以及在从所谓"福利国家"形式发展起来的瑞典国家垄断资本主义的实践中,都可清晰地看到魏克赛尔理论体系中上述两个特色所留下的深深烙印。

瑞典学派发展的鼎盛时期,是20世纪30年代,那时出现了像林达尔、米尔达尔、伦德堡、俄林等一批对西方经济学有重大影响的经济学家。他们对瑞典学派的形成与发展起过重大作用。他们不仅承袭了魏克赛尔理论体系中上述两个特色,而且还给它增添或进一步发挥了某些成分,其中荦荦大者有:

1. 关于总量分析。魏克赛尔是采用总量分析方法来分析价格水平、消费、投资、储蓄等经济变量的。正如米尔达尔所说,魏克赛尔所关注的是"全部资源"的供求理论问题。② 不过,"'全部商品额的供给和需求'这一观念的确切内容又是什么呢?魏克赛尔并没有说清他指的是否只是消费品,但林达尔在这点上和在某些别的方面却对魏克赛尔的思想给了更一致的解释。对全部消费品的需求很明显地即是以货币计算的国民总收入中未被储蓄的那一部分。全部消费

---

① 马克思:《〈政治经济学批判〉导言》,《马克思恩格斯选集》第2卷,人民出版社1972年版,第98页。

② 米尔达尔:《货币均衡论》,商务印书馆1963年版,第22页。

品的供给也很明显地等于全部社会产品减去或加上存货的变动并减去耐久性实际资本的(新)投资。这样,魏克赛尔所可能建议的方程式即由林达尔替他明白地说出来了:国民总收入中未被储蓄的部分经常等于出售的消费品数量乘以它们的价格水平"①。林达尔替魏克赛尔设计的公式是:$E(1-S)=PQ$,其中,E 代表名义总收入,S 代表总收入中储蓄起来的部分,P 代表消费品的价格水平,Q 代表一定时期中这种产品的数量。② 这一切表明,以魏克赛尔为代表的瑞典学派,已先于凯恩斯运用总量分析方法来开展宏观经济的研究了。

应该强调的是,在魏克赛尔等瑞典学派经济学家那里,总量分析是和瓦尔拉的一般均衡分析相结合的,从而把后者从微观基础移到宏观基础上来。瓦尔拉的一般均衡分析方法,其特点是:认为所有市场上全部商品的供求价格都是相互影响、相互依存的,并在这个前提下,研究每种商品的供求同时达到均衡时的价格决定问题。它的一个基本思想是:任何一种商品的价格都不仅取决于它本身的供求状况,而且还取决于其他商品的价格与供求状况。瓦尔拉的一般均衡分析方法在考察商品价格决定时所采取的这种普遍联系的观点,使它与马歇尔的局部均衡分析方法区别开来,因为后者在考察一种商品的价格时总是假定它仅取决于它本身的供求状况而与其他商品的价格与供求状况无关,因而只孤立地考察个别部门、个别市场中个别商品的供求与价格问题。尽管如此,但无论是瓦尔拉的一般均衡分析,抑或是马歇尔的局部均衡分析,都局限于微观经济领域,都是在总供给价格和总需求价格为既定的前提下研究个别商品、个别家庭、个别厂商的经济行为,而不是把全社会厂商、家庭或产量作为一个整

---

① 米尔达尔:《货币均衡论》,商务印书馆 1963 年版,第 24—25 页。
② 米尔达尔:《货币和资本理论的研究》,商务印书馆 1963 年版,第 109—110 页。

体来研究。换言之,它们都没有进入宏观经济领域去进行总量的研究。瑞典学派却不同,它一方面采用了瓦尔拉的一般均衡分析,使它与传统的局部均衡分析区别开来;另一方面又把这个一般均衡理论跟总量分析结合起来,把总量分析方法从瓦尔拉的微观经济土壤里移到宏观经济的基础上来,这又使他们跟瓦尔拉的分析区别开来。

必须指出的是,尽管瑞典学派的所谓一般均衡分析表面上似乎突破了局部均衡理论孤立地看问题的局限性,但实际上却与后者同样具有一个根本性的缺陷:既用供求来决定商品的价格,又用价格决定来取代价值决定。结果,无论是局部均衡分析或一般均衡分析,在价格决定问题上都只停留在现象形态上,因为价格相对于价值来讲毕竟只是它的现象形态。瑞典学派中有人继承边际效用论的主观价值论传统,有的人干脆主张用价格取代价值。特别值得提及的是,瑞典学派的奠基人之一卡塞尔就曾赤裸裸地宣扬价值范畴"无用论",其目的是要掩盖价值和剩余价值的真正源泉。

2. 关于动态分析。继魏克赛尔之后的瑞典学派经济学家对魏克赛尔理论体系的一个重大"补充",乃是试图把他的宏观经济分析加以所谓"动态化",以便建立一个动态经济理论体系。米尔达尔在《货币均衡论》一书中讨论魏克赛尔的三个"均衡标准"时,强调指出了把"静态"作为分析的起点的危险性,认为传统的均衡分析只是一种考察一个特定时点上的均衡状态的静态分析,而不涉及从一个时点到第二个、第三个……时点的发展问题。[①] 因此,他提出必须把时点与时期分开,并讨论了两者的关系。在他看来,任何一个时点上所达到的均衡,都只是一种暂时的、静态的均衡。但均衡不意味着静止,情况不断的变化将打破一个时点上的均衡,从而不断地在第二

[①] 米尔达尔:《货币均衡论》,商务印书馆1963年版,第37—42页。

个、第三个等新的时点上达到新的均衡。因而,从时期的角度来看,均衡总是暂时的和瞬间的,从而一个均衡到另一个均衡的移动则是不断的。米尔达尔把时点问题和时期问题之间的关系表述如下:"时期是两个时点之间的间隔,很明显,在一个时点上的即时分析不仅是完全解决有关的动态问题的准备工作,而且是进一步分析这些问题所必要的基础";但如果停止在时点的静态分析上,则"各种变动都局限在没有时间性的点(timeless point)上,这些点把时期彼此分开",势必导致这些分析乖离经济过程的现实。① 这样,随着把时点的分析发展为时期的分析,西方经济学一般静态均衡便发展为一般动态均衡。

很明显,瑞典学派从静态分析到动态分析的发展,其中的一个关键,乃是给经济分析引进了"时间"这个因素,把无时间性的时点分析变成有时间先后区分的时期分析。林达尔对他们的动态分析方法做了简要的说明。他说:"总而言之,我们的方法如下:一个动态过程分为若干短的时期,即若干日。一切关于业务计划和消费计划的决定、价格的修订,都是在这些时期的转折点发生的。在这些时期中,买卖进行着:一方面卖方开价,另一方面买方接受卖方所开的价格。此外,生产和消费过程也或多或少地继续进行着。"②

米尔达尔在区分了"时点"和"时期"之后,接着据此提出了所谓"事前"(ex-ante)和"事后"(ex-post)这两个概念。他认为,在分析资本主义经济的动态过程中,有必要根据"时点"和"时期"的区分,把经济变量区分为"事前"和"事后"两类。所谓"事前"变量,是指那些只"直接涉及一个时点上的量",如资本价值、需求价格或供给价格等

---

① 米尔达尔:《货币均衡论》,商务印书馆1963年版,第41—42页。
② 林达尔:《货币和资本理论的研究》,商务印书馆1963年版,第38页。

等；而"事后"变量则"包含一个计算它们的时期"，如所得、收益、报酬、费用、储蓄、投资等等。① 换言之，"根据所研究的时期终点的计算来确定的数量，可当作是事后的；根据该时期的起点所计划的行动来确定的数量，可当作是事前的"②。一种是在时期开始时预计、估计或计划的量，另一种则是在一个时期内已经实际发生或者已经实现的量。米尔达尔曾运用"事前"和"事后"这两个概念，来阐明货币均衡的条件问题。他认为，这个问题的关键在于说明"储蓄投资等式的分离趋势是如何发展成为事后平衡的"。他指出，储蓄投资等式是"经过得益和损失这两个纯粹动态的因素"才发展成为"事后平衡"的。③

林达尔对米尔达尔提出的"事前"、"事后"区分给予了很高的评价，认为它"对许多争辩纷纷的论点提供了简单的解决途径"④。事实上，这两个概念不仅为瑞典学派经济学家所普遍接受和应用，而且在整个西方经济学界也产生了巨大影响。我们知道，后来凯恩斯在其著作《就业、利息和货币通论》中提出"储蓄相等于投资"的等式时，曾在西方资产阶级的经济学家中间引起了纷争。不少人认为，凯恩斯在《通论》中所提出的储蓄与投资相等之所以令人难以理解，就因为凯恩斯在分析中没有明确说明储蓄与投资之间虽相等，但相等并不意味着均衡；只是在经过一段时间间隔，克服了生产落后或支出落后之后，才达到事后均衡的。

综上所述，我们可以看到，瑞典学派经济学家通过把时间因素引进到对资本主义经济过程的分析中来，提出并应用了时点与时期的

---

① 米尔达尔：《货币均衡论》，商务印书馆1963年版，第43页。
② 同上书，第44页。
③ 同上书，第43—44页。
④ 林达尔：《货币和资本理论的研究》，商务印书馆1963年版，第39页。

区分以及事前与事后的区分,从而把一般静态均衡理论发展为一般动态均衡理论。在他们所建立的动态理论体系中,还有两点值得提出:一是由于他们在经济分析中强调"时间"因素,因而他们重视经济动态过程的"预期"问题并进行了研究。例如,林达尔就曾着重研究了预期问题。他曾举例说明预期的作用:如果企业家"预期"利息率在储蓄剧增时会大大下降的话,则他一方面必定会把本来要进行的新投资延搁下来,另一方面还将延期进行本来要在储蓄增多时期或增多以后进行的投资,"上述两方面生产过程的改组,将继续进行,直到利息曲线变得很均匀为止"①。他认为,只有把"预期"因素引进来,经济分析才能更"接近"资本主义经济过程的现实。瑞典学派对预期问题的重视及其在这个问题上进行的研究,对于后来整个西方经济学的发展有相当的影响。二是提出不均衡分析方法。例如,林达尔认为,既然动态理论要研究从一个均衡到另一个均衡的移动过程,既然均衡是暂时的、瞬间的,而不均衡却是不断的,那么,研究动态过程除了可采用均衡方法之外,还可采用不均衡方法。前者把动态过程看作是由一系列短暂均衡状态所组成,后者把它看作是由一系列不均衡状态所组成。按照他的说法,所谓"不均衡"方法更为可取,因为它更加"符合"现实。为此,他提出运用"事前"和"事后"的概念,把动态过程循序划分为相继的若干短的分析期间,依次分析各个期间的经济变动。这种分析方法被称为序列分析法、过程分析法或期间分析法,被用来取代静态的均衡分析法。伦德堡在其著作《经济扩张理论研究》(1977年)一书中,则试图用这个序列分析法去研究经济周期问题。应该指出的是:尽管瑞典学派在经济分析中引入了时间因素并强调研究经济运动的过程,从而在一定程度上克服了静

---

① 林达尔:《货币和资本理论的研究》,商务印书馆1963年版,第261页。

态研究的某些局限性,但在他们那里一切经济运动过程仅只表现为扩张、收缩时序先后之类的数量变化。诚然,这类数量的分析是重要的,但以这类量变的分析来完全代替对运动过程的质的分析,则是错误的。而这一点正是资产阶级动态经济学的一个通病。

可以说,在魏克赛尔之后至第二次世界大战以前这段时期内,瑞典学派经济学家着重在总量分析和动态分析方面发挥和补充了魏克赛尔的理论体系。在这期间,也有些人,如俄林关于各国生产要素的相对丰度和国际贸易的比较利益的微观分析(《区际和国际贸易》,1933年),在西方经济学界引起了广泛的反响。虽然如此,瑞典学派经济学家都继承和维护着魏克赛尔的两点基本战略思想:(一)用宏观经济调节方法来平抑经济周期波动,(二)用均等化分配制度跟资本主义生产制度结合起来。特别是自30年代大危机爆发之后,随着社会民主党推行社会福利政策来改革分配,随着由哈马舍尔德、米尔达尔、阿克曼、俄林、约翰逊、巴格等六名经济学家组成的失业委员会于1931—1935年发表《最近报告书》(它运用瑞典学派的分析方法和观点鼓吹通过国家调节来消除失业),魏克赛尔的上述两个基本战略思想便进一步从讲台上升到了国策。也正是在瑞典学派的这两点基本战略思想的影响下,"收入均等化"和"充分就业"也就成了战后社会民主党政府经济战略的主要目标,成了战后瑞典"福利国家"制度的两大基本内容。

第二节 20世纪50和60年代瑞典经济学家关于"福利国家"政策的讨论

第二次世界大战结束以来,随着凯恩斯主义在整个西方世界广泛传播并产生巨大影响,凯恩斯主义也日益渗入瑞典经济学界,渗入瑞典学派的理论体系,渗入瑞典政府的决策思想。尽管如此,多数瑞典经济学家仍承袭着瑞典学派奠基人遗留下来的基本传统,结合着战后瑞典经济发展的国内外环境,为战后瑞典式的国家垄断资本主义的发展服务。具体来说,在70年代以前主要为推进所谓"福利国家"出谋,而自70年代(特别是70年代中期)以来则主要为挽救"福利国家"的危机划策。这里不拟全面评述战后瑞典学派和瑞典经济理论的发展,只打算围绕着瑞典"福利国家"的兴衰问题来观察战后瑞典学派乃至整个经济理论的一些动向。为了论述的方便,我们先对70年代以前的理论动向做一简要的考察。

从二战结束到60年代末,瑞典的经济形势和与之对应的经济政策经历了一些重要的变化。

在第二次世界大战后的初期阶段,无论是社会民主党政府抑或总工会,都把防止战后世界性经济衰退和维持充分就业作为主要战略目标。这反映在当时发表的两个有关经济政策的重要文件上:一个是由米尔达尔教授主持的一个政府特别委员会——"战后经济计划委员会"的文件(或称"米尔达尔委员会"文件);另一个是由社会民主党和总工会联合发表的"战后劳工运动纲领"。这两个文件都一致强调要保持高度的总需求水平以防止世界性经济衰退,强调要更加充分地发挥政府的调节作用,去扩大"公共部门"并推动私人经济的发展;与此同时,还主张取消战时实行的许多直接管制性措施、营造建筑管制等等。值得提及的是,这两个文件虽都主张扩大政府的调节作用,但都不提及国有化措施;不仅如此,后一文件明确提出"在私人经营得以实现充分就业的条件下,可以让它在未来同在战前时期一样地发挥作用"[①]。国有化政策从社会民主党的战后纲领中逐渐

---

① 引自林德贝克:《瑞典经济政策》,1975年英文版,第66—67页。

消失了。这一点,与瑞典学派维护私人资本主义生产制度的理论观点是一脉相承的。正是遵循上述两个文件提供的方针,1945—1946年政府取消了配给制和进口管制,并且放宽了管制限制;与此同时,还实施了"儿童抚育津贴"之类的社会福利设施,增加了对老年人的救助。这一切便很快在1947—1948年导致了对商品与劳动的过度需求,形成了严重的通货膨胀压力;而随着进口的急速增加,也导致国际收支赤字猛增,国际收支从1945年的节余13亿克朗变为1947年的逆差17亿克朗。于是,尽管没有压缩总需求;但从1947年起瑞典政府又回到直接管制政策上,对工资、物价、进口都实施了严格管制。瑞典经济学家把1947—1950年期间的全面管制性政策,称为"遏抑通货膨胀"政策。

这种遏抑通货膨胀政策,在50年代初被随着朝鲜战争的爆发而来的世界性通货膨胀所冲破。这时,世界市场上战略物资以及各种原材料价格都猛涨。多年来被压抑而累积下来的工资增长的要求也迸发了。于是,瑞典的通货膨胀率迅速加快(1951年为2%,1952年为7%)。为了适应新的形势,瑞典政府在50年代逐步取消了各种直接管制措施(如50年代中期取消了物价管制),而代之以一般财政政策和货币政策,用以进行宏观经济管理,并实行外贸自由化。在50—60年代,瑞典政府一方面扩大推行社会福利计划,另一方面又日益侧重于税收杠杆,不断增加税收以支持日益庞大的公共开支,结果,税收总额在国民生产总值中的比重从50年代中期的25%增到60年代末和70年代初的50%左右。

值得指出的是,自1958年经济衰退后,瑞典政府愈来愈重视所谓劳动市场政策和"企业置配"政策的作用。劳动市场政策,主要是帮助失业者变换工作,进行再培训、迁移、举办"公共工程"等等。例如,从1956年至1971年,仅劳动市场局的预算开支便从1.25亿克朗增到20亿克朗,它在国民生产总值中的比重,也相应地从0.2%增到1%。① 所谓"企业配置"政策,是有选择地帮助一些企业从萧条地区迁移到别处去。而且自进入60年代后,财政政策和货币政策的调节,也逐渐表现出"微观化"的趋向,即有重点、有选择地对某些企业或产业部门,在财政补贴、税收、投资等方面给予优待。自然,这一切主要仍是为解决失业问题而服务的。

从上面70年代以前瑞典经济政策所经历的几个阶段的演变中可以看出,尽管凯恩斯主义在瑞典的影响不断扩大,但瑞典的经济政策仍贯彻了瑞典学派的传统基本经济观点:坚持由私人资本直接控制国民经济各部门,而政府则需要通过扩大社会福利开支以促进充分就业和收入均等化。林德贝克也认为,"战后时期瑞典所执行的经济政策,是追求一个颇为分散化的由私人企业所统治的市场经济,但政府在公共消费、公共储蓄、收入再分配、基础结构和稳定化政策方面却有其颇为雄心勃勃的计划"。这是一个以"混合经济"为背景的"自由社会民主的福利国家",在这里,私人企业是在生产和筹资方面而政府则是在社会经济政策方面发挥作用。他说,瑞典经济也许可以被称为一个"膨胀性的高度就业的经济"。林德贝克还把瑞典与西欧国家的国家垄断资本主义经济加以比较,列举了瑞典经济所具有的一系列特征,其中最主要的有:(1)生产方面由私人企业统治,而不像西欧某些国家(如英国等)推行国有化政策;(2)由于有很高的公共消费和基础结构方面的公共投资,因而需求方面的公共成分获得了强有力的和迅速的扩展;(3)通过公共收入再分配和社会保障制度而"改变收入的流向"。②

---

① 林德贝克:《瑞典经济政策》,1975年英文版,第104页。
② 同上书,第24页。

在这期间,瑞典经济学家围绕着战后瑞典经济所面临的一些重大问题进行了研究与讨论,从而使瑞典学派的一些基本传统观点得到了进一步的发展。以下从四个方面来探悉其梗概:

1. 维护私人资本对企业和对整个国民经济的支配地位,积极鼓吹从战时经济管制体制转向一般宏观经济调节。

第二次世界大战期间,瑞典政府鉴于战时需要和国际资源供给的匮乏而实施了一系列直接的经济管制措施(如价格管制、进口管制、营造建筑管制等等),其目的主要是为了遏制通货膨胀。战后,瑞典经济学家越来越多地指出,这种遏制通货膨胀的政策不仅不能成功,反而贻害国民经济。米尔达尔在50年代初发表了一系列文章,主张取消直接管制而代之以用一般经济政策(主要是财政政策)对国民经济加以调节的办法,以保持"宏观经济的均衡"。他同时强调指出,直接管制办法因其对人们的经济生活干预过细而给个人带来"不便",以致损害了"个人的积极性"。俄林在《就业稳定化问题》(1949年)等著作中提出,若长期依靠直接管制来遏制通货膨胀,势必破坏资源的合理分配,因为在管制下各种商品的相对价格被歪曲了,价格不再能反映生产成本和"消费者的偏好",以致政府和企业都没有做出生产决策的"准绳"。总工会方面,经济学家米德纳尔和内恩不仅同样攻击直接管制歪曲了相对价格和破坏了资源的合理分配,而且认为若长期实行"工资管制",则长期累积起来的"不满"迟早迸发出来,导致"爆炸性的工资上涨"。[①] 总之,他们对直接管制的批评,乃是指责它扼杀了个人的积极性和损害了私人资本主义的经济机制。在这些批评中,瑞典著名经济学家伦德堡的意见以及米尔达尔关于

---

① 以上参阅林德贝克:《瑞典经济政策》,1975年英文版,第33、34、152、153、197、198、235、236页。

个人与国家之间关系的见解,引人注目。

伦德堡说,战后期间虽然人们普遍觉得对国民经济进行调节肯定是一个"长期存在的趋势",但有着不同利益和观点的集团都在一定程度上一致认为,"政府对经济生活进行琐细的调节充其量不过是一种不必要的祸害"①。他说,企业界在原则上普遍都不认为和平时期继续保留政府调节的必要性,除非是为防御外国竞争和干预国内竞争提供"有效的保护"措施。在他看来,政府对价格、进口、营造这三方面所采取的直接管制"无疑是战后时期政府对私人经济进行的琐细干预的最重要形式",应予以废除而代之以一般宏观经济政策。② 他认为,必须把国家对经济的"干预"限制在尽可能低的水平上,只要能确保价格稳定和高度就业率就行,其余都放手给私人企业去干。关于宏观经济政策,他认为,货币政策要比财政政策更富有"灵活性",更少有"干预"色彩。③ 至于这三种直接管制措施,他认为其中以价格管制最为重要,也以它对整个国民经济所产生的消极后果最为严重。

伦德堡分析了价格管制的种种消极后果,其中主要有:第一,在一个物资短缺、存在"过度需求"的社会里,若采取"普遍的物价管制"以防止通货膨胀,便有把膨胀性局势"持续下去"的"危险"。据称,因为价格管制不能消除普遍的过度需求甚至也无法做到使之大大缩减,它所能做到的只是抵挡它或缓和它,反倒使之"持久化"。第二,为遏制通货膨胀而实行的物价管制,会造成"不自然的或不恰当的价格关系",这一切又会使得生产和分配中的各种关系遭到歪曲。他以1947—1949年的情形为例,指出这种被歪曲了的价格关系使得企业

---

① 伦德堡:《商业循环与经济政策》,1957年英文版,第269—270页。
② 同上书,第265页。
③ 参阅林德贝克:《瑞典经济政策》,1975年英文版,第43—44页。

家们重新组织他们的生产和分配,或者转而生产那些价格未曾被冻结的产品,或者多出口少内销,或者停止生产那些价格被严格管制的产品。第三,在实行价格管制的情况下,同一生产部门的不同企业间的成本差别却往往增大。成本的提高,只有一些效率高的企业能承担得起,而其余企业要继续存在的话则必须仰赖于政府补贴,结果,势必形成高效率的企业补贴低效率的企业的情形,从长期看,势必导致整个经济的效率下降。① 所以,他主张摒弃直接管制而转向运用一般宏观经济政策(特别是货币政策)加以调节。

应该提及的是,在瑞典学派经济学家中间,他们的思想倾向也有一定程度的差别。在他们中间,米尔达尔似乎更多地反映了生产社会化和集中化的倾向,更多地强调国家调节在经济生活中的作用。例如,他在 1960 年年初出版了《福利国家之外》一书,强调该书所研究的是富裕的和进步的西方国家出现了走向经济计划化的趋向以及这种趋向的国际意义。② 他认为,现代生产的发展要求对市场力量的作用进行"干预",并要对各种干预进行"协调";这种协调意味着任何重大措施都必须兼顾到不同政治力量所提出的各种发展目标,例如各项社会福利设施的发展不仅需要彼此协调,而且需要和整个国民经济的发展相协调,这就要求有某种"计划化"以统筹兼顾。尽管他为此强调战后经济出现了这种社会化、计划化趋势,但他所讲的主要是指分配领域内如何协调各阶级、阶层、集团以及全社会之间的利益,至于生产方面或所有制方面,他则坚定地维护资本主义私有制,在生产资料的占有方面则坚决排斥任何社会化措施,连资产阶级国家的国有化措施也加以反对。他说,像瑞典社会民主党这样的左翼

---

① 参阅伦德堡:《商业循环与经济政策》,1957 年英文版,第 284—294 页。
② 参阅米尔达尔:《福利国家之外》,1960 年英文版序。

政党,当它以往还是一个小党时虽曾积极鼓吹"国有化",要求把银行、保险公司和工业收为"公有",但它随着自己日益"成熟"并成为有全国影响的大党,便逐渐放弃了"公有化"的主张。他还是相信私人经营的活力,认为可以通过立法、各种经济政策等许多手段来协调各方面的利益和目标,国有化措施既是不必要的,也是不可取的。[①] 可见,维护资本主义私有制,维护私人资本对社会生产的支配地位,仍然是战后瑞典学派的一个基本立场。

2. 继续强调通过税收以及各种社会福利计划对国民收入与财富的分配进行调节。例如,米尔达尔强调指出,战后以来在政府对收入分配进行调节的情况下瑞典出现了收入均等化的趋向。不过,他把收入分配方面的均等化跟政治方面的民主化进程联系在一起。鉴于战后瑞典劳动群众的组织(如总工会等)迅速发展,他认为,可以预期,随着全国人口中越来越多的人获得充分的政治权利,随着他们越来越懂得自己拥有这种权利并懂得有可能运用自己的权利来谋取自己的利益,他们就会施加压力,要求对收入再分配进行大规模的国家干预;并说亚里士多德曾经预言过这种发展。他还指出,对经济均等化的迫切要求已到处出现,并成为普遍要求的一项原则。它的范围不仅限于税收和社会保险之类的收入再分配计划,而且已深入到国家干预的所有其他领域。[②] 他把对收入分配和其他方面的调节归因于政治民主化过程发展的要求,而其实,这不过反映了这样一个客观发展过程:随着劳动者组织的不断发展及其政治影响的不断增大,垄断资本统治集团为了维护自己的政治与经济统治,不能不在收入分配方面加以调节,以满足劳动群众的某些要求。

---

① 参阅米尔达尔:《福利国家之外》,1960年英文版序,第62—83页。
② 同上书,第37—38页。

伦德堡指出,对国民收入与财富分配的调节不只通过税收和社会福利设施开支等途径来进行,而且还通过价格政策来进行。例如,政府固定农产品价格、使之高于世界市场价格的做法,主要目的是向农业经营者确保一个"合理的收入";而对房租,则又采取低价政策,以便使广大工资赚取者能享得较高级的住宅条件。伦德堡强调说:"对于价格制度职能问题有着特别关系的,乃是政府运用价格工具来达到某些与收入分配和社会政策有关的目标"。①

值得指出的是,伦德堡虽然主张通过税收、社会福利设施开支、价格政策等手段对收入与财富的分配进行调节,但他在 50 年代就已对高税率的消极影响表示过担心。他说,高边际税率意味着"一个人如果要在更多地工作抑或更多地享受闲暇这两者之间进行选择时,他将发现因加班一小时所得的工资比起他对国民收入净额所做出的贡献要少得多,从而从一般经济效率的观点出发,他宁愿把他的工作时数控制在最适度水平以下。如果他所获得的净工资(指纳税后收入)能与他对国民生产所做出的额外贡献相适应,那他便很可能多做工作"②。这表明:他已开始意识到为支撑福利国家而不断提高的边际所得税率在超过一定程度之后会损害人们工作的积极性与效率。所谓平等与效率的矛盾,已在这里以萌芽形态被提出来了。

3. 瑞典学派经济学家不仅鼓吹调节收入分配以促进收入均等化,而且还探讨如何测量收入均等化的发展程度。为此,瑞典经济学家通常使用北美西欧经济学界广泛流行的所谓洛伦兹曲线(Loreng Curve)和基尼系数(Gini Coefficient)。③ 左图的横坐标 OX,代表收入不超过某 水平的人口占总人口的百分比;纵坐标为 OY,代表收

---

① 伦德堡:《商业循环与经济政策》,1957 年英文版,第 328 页。
② 同上书,第 32 页。
③ 参见林德贝克:《瑞典经济政策》,1975 年英文版,第 197—200 页。

入不超过某一水平的收入额占总收入的百分比。由于 X 和 Y 的最大值均为 1(=100%)，故这个图形为正方形，OP 这条对角线代表"收入绝对均等化曲线"，因为只有 OP 线上各点代表每个人的收入都相等。而收入不均等的情形，只能出现在 OP 线右下方。若将 Y 变成 X 的函数，则可描出一条 L 曲线，这就是所谓洛伦兹曲线。若出现绝对不平等，即一个人获得了所有的收入，则这条洛伦兹曲线将变成这个正方形的底边和右边。而任何实际的收入状况都只能是介于这两个极端之间。这条曲线向下弯曲的程度越大，则表明收入分配越不平等。于是，可以用 OP 线与洛伦兹曲线之间的面积对 △OXP 面积之比，来表示全社会收入分配的"均等化"程度。这个比率就是所谓基尼系数。基尼系数越大，表示收入分配越不平等；系数越小，表明收入分配越趋于"均等"；若系数等于零，则洛伦兹曲线变成 OP 线，收入分配达到绝对均等化。

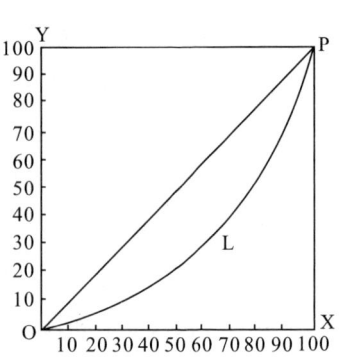

瑞典经济学家也运用洛伦兹曲线或基尼系数来分析战后瑞典收入均等化目标的进展过程。瑞典乌普沙拉大学经济系的塞兰德尔和斯特常运用洛伦兹曲线对 1951—1960 年的收入分配状况的统计资料进行了分析。林德贝克在《瑞典经济政策》一书中又进一步利用 1969 年的资料绘制出了新的洛伦兹曲线。根据林德贝克的分析，如果就瑞典 20 岁以上全体男女人口的纳税前收入分配状况看，则 1960 年的收入均等化程度稍高于 1951 年，而 1969 年又稍高于 1960 年。但林德贝克指出，有一个情况值得重视，即 1951 年以来 20 岁以上妇女参加工作的比重迅速增长，1951 年妇女中只有 28% 参加工作，至 1969 年已增至 40%，这一情况促进了收入均等化。如果将妇女参加工作这个因素排除在外,则1969年全体男子(20岁以上)的收入均等化程度反倒比1958年稍有降低。①

4. 注重研究通货膨胀与工资水平之间的关系。尽管战后初期,瑞典政府和经济学界担心再次出现像20世纪30年代那样的世界性大危机和严重失业,因而把就业作为一个主要目标;但随着瑞典在整个50和60年代里得以把失业率控制在2%以下的低水平上,他们自然把主要注意力转到日益严重的通货膨胀问题上面。关于通货膨胀或物价上涨(西方学者通常把两者混为一谈)问题,瑞典经济学家又着重研究了其国内的和国外的因素。由于瑞典国内存在一个全国性的工人组织——总工会,并通过它的斗争不断赢得工资水平的提高,瑞典学派经济学家往往把物价上涨归咎于工资成本的提高,把工资提高看作是引发所谓通货膨胀的一个重要国内因素,因而注重研究工资与通货膨胀之间的关系问题。这是一个方面。另一方面,瑞典学派经济学家一向从瑞典等斯堪的纳维亚国家的实际情况出发,着重研究所谓小国开放型经济模式,认为像瑞典这样一个小国,在资源和技术等许多方面不得不依赖于世界市场,因而这么一个"小国经济"又不能不是一个对外开放型经济。既如此,则国内的物价水平将不仅取决于国内因素(如工资水平等),同时也在很大程度上受制于世界性通货膨胀或国际市场上个别原材料价格的上涨。因此,他们将国际市场的价格波动看作是制约国内价格水平的一个重要国际因素,着重于研究两者间的关系——从国外物价上涨转为国内的物价上涨的传导机制。

(1)关于物价与工资两者上涨之间的关系,伦德堡在50年代末期的研究是有其代表性的。他首先指出,战后通货膨胀的经验表明,

---

① 参见林德贝克:《瑞典经济政策》,1975年英文版,第195—200页。

工人并没有因通货膨胀受损,反而"得益"。他说,过去总有这么一种说法,"物价上涨是乘电梯,而工资增长是爬楼梯",因而名义工资的提高赶不上物价的上涨,致使实际工资下降;然而,战后的经验却完全"粉碎"了这个"陈旧的说法"。据称,在过去物价下跌和周期性"萧条"时期,实际工资却往往部分地靠就业的减少而获得较大的增长;而在后继的复苏时期,就业虽增加了,却落后于实际工资的提高。为了说明问题,他举例如下,假设在开始阶段,全国工资支付总额为200亿克朗,其中25%(即50亿克朗)是生产资料的生产和销售部门的、15%(即30亿克朗)是出口品产业部门的,其余60%(即120亿克朗)是消费资料部门的。若工资普遍提高10%,即工资支付总额增加20亿克朗,出口产业部门的工资支付将增加3亿克朗,而消费资料部门的工资支付将增加12亿克朗,消费品价格支付也将因工资成本的增加而增加12亿克朗。照他讲,全国工人获得的工资增加总额为20亿克朗,而他们所承受的消费品价格支付只增加了12亿克朗,其实际工资仍增加8亿克朗。因此,他得出结论说:"如果没有什么复杂情况,则由于工业成本增加而引起的价格上涨程度,便会小于工资赚取者所获得的收入增加程度,无论是否实施物价管制。"[1]

伦德堡这个关于靠工资为生的劳动者可从物价上涨中获得好处的说法,是不真实的。照他说,若工资普遍提高10%,则消费品生产部门的工资支付额也增加10%,即增加12亿克朗,从而消费品所要求的价格支付额也只增加12亿克朗,而包括消费部门在内的各生产部门的工资增加总额却是20亿克朗,似乎全体工人实际收入增加了8亿克朗。这里有破绽。因为他在计算消费品价格的上涨时只考虑了消费品部门本身的工资支付增长额,这是不够的。因为消费品

---

[1] 伦德堡:《商业循环与经济政策》,1957年英文版,第238—240页。

成本总额中不仅应包括有本部门的工人工资,而且还应包括原材料成本、机器和厂房的折旧、运输费用等等。伦德堡所忽视的一点是:生产这些生产资料的企业主绝不会只提高工资而不提高价格。所以,实际情况将是:这些物资设备的价格也会因工资增长而提高,这势必导致消费品生产中各种物资消耗的成本也增加,这么一来,消费品价格的上涨部分,将不应只包括本部门工资成本的增加(即12亿克朗),而且还必须把各种"投入"品的价格上涨所导致的物资消耗成本的增长包括在内。伦德堡所谓工人将从物价上涨中赢得实际收入的增长的说法是虚妄的。此其一。伦德堡和其他许多人一样,不仅将通货膨胀与物价上涨两者混为一谈,而且错误地将物价上涨归咎于工资的提高。因为,工资的提高所导致的直接后果是利润的降低,而不是价格的上涨。正如马克思早已指出的,"工资的普遍提高会引起一般利润率的降低,但却不会影响到商品的平均价格,也不会影响到商品的价值"[①]。诚然,工资的普遍提高,会在一个短暂时期引起市场价格的波动,但资本家之间的竞争会使得各部门之间达到新的较低水平的平均利润率,商品价格仍回到原先的水平上。所以,把物价上涨归因于工资的提高是缺乏根据的。至于把物价上涨说成对工资赚取者有利,则更有为通货膨胀政策进行辩护之嫌。

伦德堡还进一步提出,由于瑞典的工会有庞大的组织,它在进行工资谈判时不仅要考虑到预期的物价与税收的增加,还会考虑已发生的物价与税收的增加,因而要求获得足够的补偿。这就使得工资要求增长的幅度大大超过价格上涨的幅度,即价格的上涨对工资产生了一个"乘数效应"。伦德堡提出了一个"工资乘数"公式,用以表

[①] 马克思:《工资、价格和利润》,《马克思恩格斯选集》第2卷,人民出版社1972年版,第198页。

明:为了给工人提供足够的补偿,工资增长的幅度究竟要比价格提高的幅度大多少。

他用 W 代表工人的平均工资额,用 ΔW 代表工资增加额,T_m 表示边际税率,T_a 表示平均税率,用 P 和 ΔP 分别代表消费品价格水平和价格的增长,用 K 代表"诱致的价格增长"和"自主的工资增长"之间的比率,即:

$$K = \frac{\Delta P}{P} \Big/ \frac{\Delta W}{W}, \quad \text{或} \quad K\frac{\Delta W}{W} = \frac{\Delta P}{P}$$

由于工人预期在下轮工资谈判前物价将会上涨一个百分比,用 A 表示之,他们自然要把这点考虑在他们的工资要求之内。于是:

$$(1-T_m)\Delta W = (1-T_a)W\left(A + K\frac{\Delta W}{W}\right)$$

公式左边代表纳税后的工资增长额,右边代表考虑了税收、已有的物价上涨以及预期的物价上涨在内的所要求的工资补偿。展开上式:

$$(1-T_m)\frac{\Delta W}{W} = (1-T_a)\left(A + K\frac{\Delta W}{W}\right)$$

$$\left(\frac{1-T_m}{1-T_a}\right)\frac{\Delta W}{W} = A + K\frac{\Delta W}{W}$$

$$\left(\frac{1-T_m}{1-T_a} - K\right)\frac{\Delta W}{W} = A$$

$$\frac{\Delta W}{W} = A\frac{1}{\dfrac{(1-T_m)-K(1-T_a)}{1-T_a}} = \frac{A(1-T_a)}{(1-T_m)-K(1-T_a)}$$

$$= A\frac{1}{\dfrac{1-T_m}{1-T_a} - K}$$

这个 $\dfrac{1}{\dfrac{1-Tm}{1-Ta}-K}$ 就是所谓"工资乘数"①。

林德贝克说,经济学界对于 K 的值是有争议的。不过,就 20 世纪 50 年代初的情形说,Tm＝0.3、Ta＝0.2、K＝0.5。照此计算,则工资乘数约为 2.7。据称,这个数值倒比较合乎当时的实际情况。②

(2)关于世界性通货膨胀对国内价格水平的决定性影响问题,瑞典经济学家多用产业结构和国外价格上涨的传导作用来说明。这方面,所谓"斯堪的纳维亚通货膨胀模式"(即"EFO 模式")是有代表性的。

该模式当初是由奥克腊斯特设计的挪威模式,后由瑞典经济学家麦德格仑、德克森、奥德纳尔等三人在《小国经济的建设》(1970年)一书中提出的。由于这三人的姓氏第一个字母分别是 E、F 和 O,故称之为"EFO 模式"或"EFO 效应"。③

该模式的特点是:一个开放型的小国经济,共有两大产业部门,一个是有外国竞争的产业部门,即开放经济部门,称为 C 部门;另一个是没有外国竞争的部门,即非开放经济部门,称为 S 部门。C 部门主要由全国各商品生产部门所组成,约占瑞典国民生产总值的 1/3;S 部门主要由服务业和建筑业所组成,约占国民生产总值的 2/3。C 部门的价格水平直接受制于世界市场上的价格波动,其生产率的提高要比 S 部门来得快。

至于国内的价格水平如何受制于世界性通货膨胀,按照所谓

---

① 伦德堡:《商业循环与经济政策》,1975 年英文版,第 241—243 页。
② 林德贝克:《瑞典经济政策》,1975 年英文版,第 149—150 页。
③ 梅尔逊:《危机中的福利国家》,1982 年英文版,第 28—32 页;林德贝克:《瑞典经济政策》,1975 年英文版,第 157—161 页;弗里希:"1963—1975 年的通货膨胀理论",刊《经济学文献杂志》1977 年第 4 期。

EFO模式的说法,则是通过国内的产业结构、工资率结构、生产率结构等一系列"传导机制"的作用而贯彻的。其传导程序,大体又可描述如下:

第一,在汇率固定的情况下,开放部门的产品价格向国际市场的产品价格看齐,这些部门的通货膨胀率(即价格上涨率)随世界通货膨胀率的提高而提高。

第二,开放部门的产品价格上涨和该部门的生产率的增长,导致开放部门的工资率上涨,并大体上规定了工资率上涨的合理幅度。

第三,在强大工会组织的影响下,在工资政策中贯彻"团结"原则,即尽管非开放部门的产品价格上涨率和生产率增长率均低于开放部门,但其货币工资率则向开放部门的货币工资率看齐,即提高到与后一部门相同的水平。

第四,非开放部门将根据本部门工资成本的提高与生产率的增长情况来确定非开放部门的产品价格的提高幅度。也就是说,开放部门的产品价格上涨和货币工资率的提高将导致非开放部门的产品价格上涨。

第五,开放部门的产品价格上涨率和非开放部门的产品价格上涨率,将根据两部门各自在国民经济中的比重一道决定全国"通货膨胀率"(即一般物价上涨率)。

林德贝克曾就这个"传导机制"的作用举例加以说明。他说,假设国际市场上的价格水平每年上涨2%,国内开放部门的产品价格水平也每年上涨2%,再假设开放部门的生产率增长率为7%,则开放部门的货币工资率可提高9%(2%+7%),只是把该部门的利润率的变动不予考虑。在存在充分就业和贯彻"团结"原则的情况下,通过工资集体谈判,不仅开放部门而且非开放部门都将把货币工资率提高9%。如果说非开放部门的生产率年增长率仅只为2%,则它须将产品价格提高7%(9%-2%)。尽管C部门和S部门各自要求提高的产品价格幅度不同(分别是2%和7%),但由于这两部门在国民经济中的比重不同(分别是1/3和2/3),经过加权平均,则一般物价上涨率将是 $5\frac{1}{3}\% = \left[\left(2\% \times \frac{1}{3}\right) + \left(7\% \times \frac{2}{3}\right)\right]$。[①] 这个模式表明,一个开放型小国经济中的通货膨胀率主要取决于:(1)两个不同部门的生产率增长率的差异程度;(2)国际市场上价格上涨的幅度。

瑞典经济学家利用国民经济内部两个部门(开放部门与非开放部门)结构的模式,来给瑞典的通货膨胀问题提出"解释",既反映了像瑞典这样的北欧国家的经济特点,也进一步发挥了瑞典学派理论的传统。值得指出的是,战后发生在瑞典的通货膨胀,是各种经济矛盾的一个集中表现,用经济内部的产业结构只能"解释"它的一部分现象,而未能触及其根本原因。其实,这种所谓"结构性"通货膨胀,其中的内容无非是把物价上涨归咎于这样一个矛盾:不同部门生产率增长的差异性与工资成本上升的同步性,最终仍归咎于"工资成本的推动"。若进一步追究一下:为什么生产率增长有差异的不同部门之间竟要保持工资增长的"同步性"呢?我们就会发现,这种通货膨胀不仅反映了瑞典的经济困境,同时也反映了瑞典统治阶级无力拒绝工人关于工资要求的政治困境,一句话,它从一个侧面反映了资本主义统治的无能为力的状态。

第三节 20世纪70年代瑞典经济学家 关于"福利国家"政策的讨论

随着1973—1974年世界石油危机而来的世界性经济萧条,加剧

[①] 林德贝克:《瑞典经济政策》,1975年英文版,第157—159页。

了瑞典经济中长期累积下来的种种矛盾。因此,自 70 年代中期以来,瑞典经济日益陷入困境。工业生产指数自 1975 年起下降,至 80 年代初尚未得到恢复;通货膨胀加剧,物价上涨率在 70 年代末和 80 年代初经常在 10% 以上;失业率提高,但被极力用财政力量控制在 2.5% 左右;在阶级关系趋于紧张的情况下工资有所增长,生产率的增长率长期停滞,出口品的竞争能力下降和国际收支赤字迅速增长。特别是,公共开支(包括中央和地方政府以及社会保障系统)迅速增大,从 1970 年占 GNP 的 45% 增到 1980 年的 64%。执政 40 多年的社会民主党政府在福利国家遭到危机的情况下被迫下台,而资产阶级政党的联合政府也找不到摆脱危机的出路,并在 1980 年招到了战后罕见的全国规模的总罢工。面对这种形势,瑞典经济学界多数人都痛苦地认识到福利国家遭到了"破产"或陷入了"困难"。这期间瑞典所遭遇到的一些最迫切的经济问题,自然引起了瑞典经济学界的严重关切。在这里,我们拟就这期间出现的一些主要问题——通货膨胀、经济稳定化政策、福利国家危机的原因、瑞典福利国家的前途等——考察一下某些瑞典经济学家所进行的探讨,并着重考察一下某些瑞典学派经济学家在新的情况下为继续维护他们的传统理论与政策而做出的努力。

(一)关于通货膨胀理论

前一节已说明通货膨胀问题是战后瑞典经济学界十分关注的问题之一。在 70 年代以前,他们广泛地研究了战后通货膨胀的原因,其中有需求因素、不同部门间生产率的增长差异、通货膨胀惯性、物价预期、价格—工资的角逐,以及成本与供给"震荡"等等。这样,他们便从需求因素、供给因素(如成本或工资)、结构因素(如 EFO 模式)等方面,就通货膨胀问题提供了各种理论的"解释",并且对国外和国内通货膨胀"传导机制"问题做了探讨。但自1973年至80年代初,许多瑞典经济学家指出,"成本推动"的成分是导致这个期间出现通货膨胀的主要因素。这是因为不同"利益集团"(如企业主、劳工、地产所有者等)都力图使他们各自所要求的代价(产品价格、工薪、租金、利息等)足以"补偿"通货膨胀过去给他们所造成的"损失"和将来会带来的"损失",致使"成本"提高,价格上涨。值得指出的是,在这一期间,由于石油危机之类的国际因素对瑞典国内物价上涨起了重大的推动作用,瑞典经济学家们在EFO模式的基础上,把对国际和国内通货膨胀之间的"传导机制"问题的研究向前推进了一步。在这方面,被美国经济学家萨缪尔森誉为瑞典学派第三代代表人物的林德贝克的观点,是很有代表性的。

林德贝克在1980年对通货膨胀的传导问题做了比较系统的分析。他指出,所谓传导机制问题的提出,是由于通货膨胀在许多国家同时发生,而这些国家的经济却又通过商品、劳务、金融的交流而紧密地相互联系着。因此,无论通货膨胀先从外部世界发生抑或先从某一国家开始,都通过上述经济交流渠道而相互影响着。① 这一点似有"新意"。因为,过去瑞典经济学家研究瑞典通货膨胀的国际因素问题时(包括70年代初的EFO模式),总是和"小国经济"论相联系,即认为瑞典通货膨胀之所以如此严重受制于世界通货膨胀,主要是因为像瑞典之类的"小国"经济严重仰赖对外贸易和国际市场。而林德贝克的论述,却开始冲破了"小国"经济的界限,而着眼于日益发达的全球经济联系。一些瑞典经济学家提出,现在的情况已不单单是"小国"受累于"大国",同样,70年代一些"小国"发动的石油战倒

---

① 参阅林德贝克:《通货膨胀——全球的、国际的与国内的方面》,1980年英文版,第39页。

成了一些"大国"(如美、日、联邦德国等)乃至世界爆发通货膨胀(或物价上涨)的一大重要原因。

至于国外通货膨胀对国内通货膨胀的"传导机制",根据林德贝克的分析,有五条主要渠道[①]:(1)世界市场商品价格上涨对国内商品价格会产生直接影响,但这种影响的规模与快速,将视此商品的类型而定。如果是某种出口商品的世界市场价格上涨,将导致国内该商品价格指数上涨;如果是进口商品的价格上涨,则最初尚只会直接导致国内替代商品的价格上涨。还有,从很短的短期影响看,国外的物价上涨对国内物价水平的直接影响,其规模主要依外贸规模(相对于国内生产总值)而定。(2)价格的上涨,通过商品市场与劳动市场,即通过物质商品"传递"到非物质商品(如服务等)。随着物质商品生产与销售部门的利润增加,工会将要求提高工资率。这时企业并不强烈反对工会的工资要求;而非物质商品部门的工资也与之看齐,从而各部门的工资成本都提高,推动物价上涨。此其一。还有,许多物质商品既是物质商品部门也是非物质商品部门的"投入品",故物质商品的价格上涨也会形成物价上涨的"成本推动"。不仅如此,有些国家的劳动市场是相互紧密地联结在一起的,劳动力在这些国家之间可以自由流动,工资成本的提高也会对物价水平产生成本"推动"效应。(3)通过凯恩斯主义的所谓"出口乘数"而给国民经济带来的"总需求效应",也可视为"传导机制"的一个特殊方面。值得指出的是,这里可以看出,尽管林德贝克是瑞典学派的第三代代表人物,但他在这里也接受并挪用了凯恩斯的分析。事实上,凯恩斯主义对他的影响尚不只此。(4)通过国际收支的"财富效应"与"货币效应",也

[①] 林德贝克:《通货膨胀——全球的、国际的与国内的方面》,1980年英文版,第39—42页。

会把通货膨胀"传导"到国内。据说,如果发生外国资本的大量净流入,在这种情况下,若政府想要控制利息率,就得借助于"公开市场活动",势必扩大货币供给;若政府想要控制货币供给量,则势必要提高各种国内债券的利息率,以便使私人投资者(包括各种信用机构)愿意以国内债券形式来持有全部新增加的金融资产。所有这一切,都将促进国内的通货膨胀。(5)国外价格和工资的上涨,也会对国内产生直接的"预期效应"和"示范效应"。在一个开放的经济中,国内人们对于物价与工资的"预期",在相当程度上与国外物价与工资的变动紧紧联系着。据称,可以把这种机制看作是所谓"合理预期"的一个重要成分。

林德贝克上述关于国内外通货膨胀之间"传导机制"的论述,进一步表明他已从过去瑞典学派的"小国经济"论前进到这一步:当今国际之间经济联系已如此密切,以致整个世界似乎都变"小"了,今天受制于世界通货膨胀因素的已不只是"小国经济"了;而世界通货膨胀的"传导机制"问题,已成为大小许多国家的共同问题了。

(二)关于"经济稳定化"政策

前已谈到,战后初期,瑞典虽曾对某些产品实行价格管制措施,但就整个 50 年代和 60 年代来说,瑞典政府主要依靠财政政策和货币政策来对付经济危机和通货膨胀,而不倚重于对价格、工资等项收入直接加以调节的所谓收入政策。1970 年秋,迫于通货膨胀的形势,瑞典政府又根据 1956 年议会通过的物价管制法案,对全国物价实行全面冻结,直至 1971 年 12 月结束。1973 年又通过物价管制法修订案,规定了物价管制的四种形式:物价冻结、最高限价、保证价格、申报价格。由于 70 年代通货膨胀日趋严重,政府于 1973 年以后曾在个别时期对不同商品采取了不同的价格管制办法。据统计,从

1973年1月至1980年12月底,私人消费总额中约有5%—7%属于物价冻结部分,约有70%属于申报价格。至于"全面物价冻结"措施,只是在1977年春和秋以及1980年实施过,并对工资亦曾冻结过。可以说,从70年代以来,收入政策已日益成为宏观经济管理中除财政政策、货币政策之外的一个重要补充工具。① 然而,"收入政策"的经常采用,在许多瑞典经济学家中间引起了比较强烈的反对。

伦德堡在70年代初就根据瑞典存在着强大工会组织的实际情况强调指出,美英等国家所推行的那种遏制工资增长的收入政策,在瑞典定会遭到工会组织的强烈反对,因为"工会一向反对这种观点,即认为劳工组织应该担负起使一个通货膨胀经济实现稳定化的责任来"②。总之,在他看来,收入政策之所以不适合于瑞典,主要是由于有严重的"政治"障碍。

然而,从70年代以来,瑞典经济学家则进一步从经济方面为反对收入政策提出"理由"。例如,林德贝克在讨论对物价与工资采取直接管制办法时,特别强调要用长期的观点而不要用短期的观点来分析"收入政策"的后果。他指出,就短期(一年或两年)看,"物价与工资管制可以缓和通货膨胀",而从长期看,却是有害的。其理由归纳起来是:(1)这种对物价与工资的管制措施,"将会把相对价格和相对工资歪曲得如此之严重,以致过后不久我们为了消除某些最严重的歪曲情况而不得不同意提高物价与工资";(2)这些管制措施很可能会在这个制度下造就出一种心理的和政治的条件,从而使得各种"利益集团"企图对政治家们施加压力去消除那些被歪曲的情况,而

---

① 参阅爵南:"20世纪70年代瑞典的物价管制政策",刊《斯堪的纳维斯卡银行评论》1981年3—4月号,第39页。
② 伦德堡:"瑞典的收入政策",刊嘉伦逊:《收入政策》(我们能向欧洲学到什么?),1973年版,第45页。

这通常又再次需要提高物价与工资;(3)"投资动机通常被这种管制措施弄歪曲了,部分原因是对未来的管制措施实施情况没有把握";(4)物价与工资管制措施"撤除了"从宏观经济方面给政治家们发出的警告信号,从而很可能会诱导他们推行一种更具扩张性的经济政策,而不注意保持供求之间的"合理均衡",在大选前夕情况尤其如此;(5)从长远看,在实施物价与工资管制的条件下,"市场经济制度很难合理而有效地发挥其作用",相对价格的严重歪曲会导致"投资政策的严重歪曲"。①

值得提出的是,隆德大学的爵南教授还专门就物价管制对经济的消极影响问题做了分析。第一,他认为物价管制或物价监督措施在短期中有缓和通货膨胀率的作用,但从长期看却没有效果,因为"在长期里,等到企业与一般公众根据物价管制和物价监督措施把他们的预期与行为调整过来了,则目前的管制和监督措施将无法对价格水平产生任何明显的影响"。我们知道,瑞典学派都重视"预期"在经济活动的作用。爵南也同样提出,许多实际的历史的考察都表明:公众关于通货膨胀的预期对于通货膨胀率、工资形成以及利息率水平有着重大影响。至于政府的物价管制对于公众的预期以及通货膨胀率的动态会有什么影响,他提出可以采用"时间数列"计量方法分别对有物价管制和没有物价管制两种条件下的公众预期进行分析,可以看到"历史的通货膨胀率和预期的膨胀率之间有着重大联系,那些认为过去通货膨胀率比较高的人们也预期未来通货膨胀率同样会比较高",从而表明物价管制对公众的预期和通货膨胀率没有重大

---

① 参阅林德贝克:《通货膨胀——全球的、国际的与国内的方面》,1980年英文版,第108—111页。

影响。①

　　第二,他认为物价管制给企业经营带来了严重的消极影响。政府物价管制委员会所赞助的一项研究报告表明,物价管制对企业的最主要的消极影响,就是它导致赢利率降低,从而使企业的投资倾向下降。物价管制使受管制的行业对投资者缺乏吸引力。不仅如此,实施物价管制或对部分行业或产品实施价格管制本身,往往构成企业界在经营中所面临的一种"不确定性"。企业为了应付物价管制局面而采取调整措施,会增加成本开支。此外,物价管制还损害了竞争条件。因为,它促使生产同一产品的企业联合起来,共同与物价管制部门"谈判"以及进行各种反管制的斗争。政府保护竞争的机构常常公开批评物价管制机构的工作,指出"过分的物价管制政策给竞争造成威胁"②。

　　第三,既然物价管制事实上无效,未能防止70年代(特别是后半期)的物价上涨,既然物价管制实际上还给企业经营带来了损害,那么,政府为何常采取物价管制措施呢?爵南认为,主要是出于政治的需要,想通过颁布某些管制条例,以"造成政府正在致力于克服像通货膨胀之类的可恶现象的印象"。特别有意思的是,长期的记录表明,每逢大选年份,物价管制的程度总比其他的年份要高得多。爵南认为,今后只要通货膨胀率还有提高的时候,物价管制之类的东西就一定还会以这种或那种形式存在,不过,这主要不是由于它在经济上真有什么克服通货膨胀以确保经济稳定化的效果,而是出于政府或

---

① 爵南:"论20世纪70年代的瑞典物价管制政策",刊《斯堪的纳维斯卡银行评论》1981年3—4月号,第84—86页。
② 同上,第86—88页。

政党进行政治角逐的需要。①

总之,在 70 年代里,在传统的宏观经济政策(财政政策与货币政策)无法对付世界性的滞胀的形势下,瑞典也和其他主要资本主义国家那样,企图把以工资—物价管制为重点的所谓收入政策作为实现经济稳定化的一个重要的政策工具。但是,多数瑞典经济学家本着瑞典学派维护市场经济机制的传统,纷纷贬低或否定收入政策的作用,认为它对通货膨胀充其量只有短期的抑制效果,而从长期看则在经济上不仅无效,反而有害。

(三)"福利国家"危机的原因

瑞典"福利国家"的危机,使得瑞典这个资本主义世界橱窗里的"明珠"黯然失色。这个问题自然在瑞典经济学家们中间引起了广泛的关注和讨论。他们都想"诊断"这个"瑞典病",积极探讨这个"病因"何在,以期寻得"救治"之策。

那么,究竟是什么原因造成瑞典福利国家的危机呢?有人认为这主要是由石油危机之类的一些偶然的、外部的因素所造成的;有人则归咎于瑞典经济由于过分地依赖对外贸易而使自己有一个"易受伤害"的经济结构。但一些维护瑞典传统观点的重要经济学家则认为有更深刻的原因。斯托尔在一篇研究报告中批驳了一些人的说法。他尖锐地提出,如果说"瑞典病"仅只是由石油危机之类的偶然因索引起的,那么为什么其他严重依赖石油进口的国家的经济情况却不像瑞典那么严重呢?他认为,也不应把问题简单地归咎于瑞典经济本身具有过分倚赖国际市场的结构性弱点,重要的问题是为什

---

① 爵南:"论 20 世纪 70 年代的瑞典物价管制政策",刊《斯堪的纳维斯卡银行评论》1981 年 3—4 月号第 89—91 页。

么这种产业结构长期调整不过来呢？他也不同意把原因简单地归咎于工资成本的增长，认为瑞典克朗曾多次贬值，实有助于降低瑞典出口品的成本。况且，战后瑞典劳动市场政策促进了劳资关系的稳定，减少了罢工，为经济发展创造了安定的政治环境。那么，究竟是什么原因导致瑞典福利国家陷入危机呢？斯托尔认为，这是长期以来对市场经济进行的政治干预不断增多，而市场决策的作用日益衰退所造成的。① 具体来说，就是在"福利国家"路线下，为推行过于庞大的各项福利设施计划以改善分配与提高消费而滥用了税收手段，严重损害了人们储蓄与投资的效率。所以，他说，主要结论是，"福利国家的建立却在许多方面损害了私人积累财富的积极性"。他认为基本的社会福利设施是必要的，但过于追求高福利和高税收势必损害国民经济的发展。他说，尽管1976年政府更迭了，但一味追求高福利和高税收的路线未变，政府的开支和赤字达到近代史中前所未有的水平。②

林德贝克做了更进一步的分析。他试图从短期分析与长期分析、宏观分析与微观分析两个方面，去分析20世纪70年代以来瑞典出现的经济困境的症结所在。

首先，他认为，"短期的宏观经济不稳定性"主要表现在通货膨胀与失业问题上。他认为政府多年来推行的充分就业政策给人们提供了一种"保证"，"使得工会和企业开始相信：无论工资率与商品价格如何，劳动与产品的需求曲线都是高度缺乏弹性的"，从而导致个人和企业改变了他们的"行为"，使得他们即使在经济危机时不仅不降低工资与价格，反而谋求提高工资和价格。这样一来，便"既歪曲了

---

① 参阅斯托尔：《处于中间道路末路的瑞典》（研究报告）1981年，第2—3页。
② 参阅上书，第33—35页。

实际的也歪曲了相对的工资率",从而势必"既引起失业又导致通货膨胀趋势"。这样,他就把70年代的"滞胀"归咎于战后一直推行的以"充分就业"为中心的短期的宏观经济稳定化政策。用他的话说,"在过去确保充分就业的政策的成功中,已孕育了今日短期宏观经济管理失败的种子"[①]。

林德贝克认为,过去的通货膨胀或危机问题,例如在50和60年代,都是由于总需求的波动引起的,而现在却不同了。70年代和80年代初的宏观经济不稳定性,却不能像传统理论那样用总需求的波动来对经济周期加以解释,也不能用简单的乘数—加速数模式来对它做分析性的描绘,从而也不能像过去那样用短期的财政政策、货币政策和收入政策来对付。[②] 他认为,70和80年代的宏观经济不稳定性,和劳动、原料、能源及金融资本的价格形式和相对价格中的混乱或"歪曲"情况,有着密切的关系。我们知道,林德贝克作为瑞典学派第三代的代表人物,在宏观经济问题上受凯恩斯主义的影响较大,重视对总需求的管理。可是在70年代出现"滞胀"的新形势下,随着凯恩斯主义的破产和所谓供给学派的崛起,林德贝克也逐渐把自己的注意力从"总需求"方面转向"供给"方面。林德贝克在学术倾向上的这个微妙变化,下面还将进一步谈到。

其次,他强调说,自70年代以来出现的另一个突出的经济问题是长期生产率增长率下降;而短期宏观经济的不稳定性,就是造成生产率增长率下降的一个主要原因。他认为,可以从三个主要方面来考察短期宏观经济的不稳定性对生产率增长率下降的影响。(1)充分就业政策自60年代中期以来加剧了通货膨胀的发展。它诱使企

[①] 林德贝克:《克服西方经济成功地运行中的障碍》(1988年研究报告),第4页。
[②] 参阅上书,第6页。

业产生市场定将日益扩张的信念。但是,一旦政府为遏制通货膨胀而不得不采取紧缩性政策,政府势必会破坏人们的这个信念,损害长期的资本形成,从而损害生产率的增长。(2)充分就业政策所造成的对劳动的过度需求,长期以来促成了实际工资率的过度增长,提高了产品中的成本,降低了企业的赢利性,从而打击了投资积极性和生产率的增长。(3)为支持社会福利设施而征收苛捐重税,结果,过高的边际所得税率和巨额的转移性支付(包括失业救济等),实际上鼓励人们少工作,多休假,打消了人们钻研业务、提高技能的热情,从而"损坏了基本微观经济机制的效率"。林德贝克说:"重要的是要强调指出,某些效率的损失,简直成了我们为扩大社会保险、改进对消费者的保护以及改善劳动条件与环境而不得不支付的代价。"[①]

值得指出的是,他这里所分析的短期宏观经济不稳定性对生产率增长的消极影响,实际上,主要是考察福利国家政策和宏观经济政策的微观经济效应问题。70年代以来的经济困境,迫使林德贝克及其他一些瑞典经济学家比以往更加注重研究宏观经济政策的微观效应,特别是注重研究效率、生产率的增长率下降问题。他特别把它称为福利国家中的负激励(disincentive)问题。他说,在当今瑞典,高税收和高福利政策严重地挫伤了人们的工作积极性,使得居民户(或个人)有如下表现:宁愿多享受闲暇而不愿多挣收入,宁肯自己动手制作产品而少向市场购买,多愿为物物交换而生产,设法逃税,从事非法活动(如贩卖毒品以及各种黑市活动),等等。[②] 他进一步解释说,例如,高税率使人们不愿多工作;高福利由于通过各种保险设施把人们在生、老、病、残、失业、子女抚养与教育等方面的基本需要都由国

[①] 林德贝克:《克服西方经济成功地运行中的障碍》(1983年研究报告),第8—12页。

[②] 参阅林德贝克:《福利国家中的负激励问题》(1981年研究报告),第32—33页。

家"包"下来了,反而使人们丧失了工作热情。他指出,在高税收和高福利的情况下,产生出一种所谓"替代效应",即人们宁愿以多缺勤来取代过去的多工作,以便在家里从事某种服务性生产,有的甚至干私活,搞黑市交易;或者以"失业"替代"就业",以便靠失业救济金生活而等待更好的工作。于是,经济刺激的作用消失了,劳动积极性消退了,缺勤普遍地增加了。据他统计,以瑞典70年代末跟60年代初的情况相比,男职工的缺勤率从8%上升到14%,女职工的缺勤率从10.5%上升到18%,而有7岁以下孩子的妇女缺勤率则从14%更上升到28%。他认为高税收和高福利所造成的负激励问题,乃是生产率增长率下降的一个深层原因。①

总之,林德贝克在对短期宏观经济不稳定性的分析中,已不像过去那样主要从"需求"方面而是更着重从"供给"方面寻找失业与通货膨胀的原因;已不是只注重于短期的、宏观的"效应",而是更注重于长期的、微观的"效应"。特别是注重效率、生产率增长率下降问题。这种变化,不只是表现在林德贝克一个人身上,而且表现在相当一批瑞典经济学家身上。例如隆德大学经济系爵南教授在试图总结70年代瑞典经济稳定化政策的历史经验时,就曾明确指出了瑞典经济学界出现的这种新变化。他说,瑞典经济学界根据70年代经济稳定化政策的经验,认识到"一向强调需求分析和宏观总量分析的传统瑞典经济稳定化政策,迫切需要跟对供给方面和对各经济实体的内在动力方面的分析结合起来"②。尽管瑞典没有像美国那样在70年代出现什么供给学派,但人们也可从瑞典经济学这个新动向中看到供给学派的某些影响。不仅如此,有些经济学家甚至公开鼓吹供给学

---

① 参阅林德贝克:《福利国家中的负激励问题》(1981年研究报告),第43—49页。
② 爵南:"20世纪70年代瑞典经济稳定化政策的教训",刊《国立威斯敏斯特银行每季评论》1983年2月号,第33页。

派的某些"原理"。例如,瑞典隆德大学经济系的出版物曾讨论供给学派所鼓吹的"拉弗曲线",认为它可供福利国家用来分析税率与税收收入之间的关系,并提出瑞典目前已臻"拉弗曲线"的"峰顶",即税率已达最大限(或极限),警告说今后若进一步提高税率也不会使税收收入增加,反而会导致递减。①

瑞典经济学的这种新变化,无疑值得我们今后继续密切注视。不过,这种用微观分析来补充宏观分析、用供给分析来补充需求分析的新变化,实质上是要表述这样一个"新"的基本观点:70年代以来瑞典所经受的"危机",其主要原因在于高福利、高税收过度地膨胀了公共部门的需求,过多地耗费了社会所累积的资源,严重地损害了供给(或生产)方面(储蓄率和投资率),损害了经济长期发展的活力——经济实体的"内在动力"和生产率增长率。简言之,瑞典经受危机的主要原因,似乎在于福利国家的制度或政策本身。用林德贝克、梅尔逊、斯托尔等人的话说,瑞典福利国家制度或政策的早期发展中已孕育了它在80年代的失败。②

(四)瑞典"福利国家"的前途

尽管林德贝克等人把福利国家危机归咎于福利国家制度或政策本身,但他并不是想废除这个制度或政策,而只是想给它的某些发展加以一定的约束。那么,究竟陷入困境的瑞典福利国家应往何处去?它的前途如何?这是瑞典统治阶级极为关心的一个问题,也是瑞典经济学家们所极为关心并热烈讨论的一个重要问题。

面对着瑞典福利国家自70年代以来所陷入的严重的困境,许多

---

① 参阅隆德大学经济系:《税收的极限》,1980年英文版,第16—17页。
② 参阅林德贝克:《克服西方经济成功地运行中的障碍》(1983年研究报告),第2—4页;梅尔逊:《危机中的福利国家》,1982年英文版,第60页。

瑞典经济学家都强调不能再沿袭旧的政策,不能容忍经济困难再继续下去,都认为70年代末和80年代初的经济困境并不是一些偶然因素引起的,为此必须做重大的"改革"以"振兴"瑞典经济。在这些方面,大多数人似乎都比较一致。但究竟如何改变面貌?处于十字街头的瑞典经济的今后发展方向究竟是"向右"转还是"向左"转呢?在瑞典经济学家中间至少已形成两种尖锐对立的意见,而这两派在近几年来也展开了激烈论战。

以林德贝克教授为代表的一些瑞典经济学家在这个问题上基本上捍护着瑞典学派的传统观点和福利国家路线。

按照瑞典学派的传统观点,福利国家经济,是私人资本主义生产和市场机制与国家在收入和财富的分配、经济稳定化等方面进行的调节相结合的"混合经济"。[①] 因此,一般说来,瑞典学派经济学家总是从两个方面来捍卫其传统理论观点和福利国家路线:既主张一定范围的国家调节,又坚决维护私人资本主义经济基础——私人资本占有制,即私人资本对生产和经营的直接支配。林德贝克也是从这两个方面进行论战的。不过,在不同的历史条件下,他对这两个方面的强调程度不同,从而他所表现的主要倾向也不同。

一方面,林德贝克反对像哈耶克那样的新自由主义所散布的"自由放任"观点。[②] 他强调指出,市场机制是很有效率的工具,但若完

[①] 参阅林德贝克:《新左派政治经济学——一个局外人的看法》(1977),商务印书馆1980年版,第134页;伦德堡:"瑞典模式的兴衰",刊《斯堪的纳维斯卡银行评论》1981年3月号;梅尔逊:《危机中的福利国家》,1982年英文版,第43页。

[②] 哈耶克是奥地利经济学家,1950—1962年在美国芝加哥大学教授,1962年起一直任弗赖堡大学教授。他认为,既然经济决策所依据的"信息"和知识,都分散在千百万个人手里,则只有"自由放任经济"才能提供"高效率",而"集中计划化"则只会导致"奴隶制"。关于他的这种观点,请参阅拙作《30年代关于社会主义计划化问题的一场论战》(刊《经济学讲座》第一辑,中国社会科学院出版社1980年版)。哈耶克于1974年获诺贝尔经济学奖。

全排斥国家调节,则它与无政府主义相结合便造就出一个"自由放任经济",其结果势必是:收入分配不均,个人缺乏"社会保障",社会的"集体消费"无人关注,经济不稳定,国内"和平"难以维持。他认为,一个理想社会的确立,就要求国家履行其"责任":它把依靠私人资本主义生产制度与市场机制创造出来的物质财富,通过对收入分配、经济稳定、就业等方面的调节,通过社会福利设施的推行,而普遍地给予社会成员,以"确保人人幸福"。在他看来,国家调节在推进"收入分配均等化"、"经济稳定化"和"福利普遍化"方面的作用,是积极的和必要的。[①]

另一方面,林德贝克又极力维护私人资本主义的生产与经营制度,反对把国家调节扩大到足以损害私人资本主义生产与市场机制的程度。他宣扬,私人资本主义的市场机制可以把消费者的偏好信息准确而迅速地传递给生产者,把有关生产和供给商品的最低成本的信息很快传送给消费者,通过竞争给予生产者以提供物美价廉商品的强大刺激。因而,他把市场机制看作是提高经济效率、遏制官僚主义的有效工具。[②] 他强调指出,"我们愈偏爱分散化,我们愈反对官僚主义,我们就愈应该赞成市场制度",并认为这是"经济学中的一个基本原理"。[③] 因此,他认为,由国家对收入分配乃至对宏观经济进行某种程度的调节是必要的,但这要出于消除市场机制在无政府状态下所带来的种种消极后果,使之更好地为整个国民经济提供效率的考虑。国家调节或者中央集中计划化只能补充而不能取代市场

[①] 参阅林德贝克:《新左派政治经济学:一个局外人的看法》(1977),商务印书馆1980年版,第98—99页。

[②] 林德贝克:《多单位主义能存在下去吗?》(1977年研究报告),第8页。

[③] 林德贝克:《新左派政治经济学:一个局外人的看法》(1977),商务印书馆1980年版,第137页。

机制及其私人资本主义经济基础。因此,他认为,某种程度的国家调节虽然是必要的,但绝不应损害私人资本主义所固有的私有制以及与之相联系的市场机制。于是:

第一,他反对全盘"国有化"或"公有化"。他提出除了对那些生产公共产品或提供公共劳务的公用事业部门(如铁路、邮电、医疗、电力等)应该实行国有化以外,不应把国有化扩大到一般产业部门,不应损害资本主义私有制。他认为,资本主义的竞争经济是最有活力的经济,但这种经济必须是多单位的(pluralism),而不应是集中化的。因为一个劳动分工发达的社会,只有在资本主义私有制基础上建立一个多单位的经济,即一个有千万个独立企业单位的、实行分散决策的经济,才能充分利用市场机制这个工具来最有效地完成提供商品供求信息、合理分配资源、协调企业与住户的决策等方面的任务。如果用全盘国有化或公有制来取代私有制,用中央集中计划化方法取代市场机制,则将导致信息不灵、计划失误、资源配置失当、经济生活失常,以致官僚主义成灾。他认为,中央集中计划化即使采用现代化的信息技术(如电子计算机),也无法取代市场机制。不仅如此,他还进一步强调说:"我要肯定地说,西方发达国家的个人自由建立在政治民主和经济多单位制这两大支柱上。"①

第二,他认为通过社会福利、充分就业等设施而调节收入分配是必要的。但自 70 年代以来高税收、高福利使得公共开支过度增长,结果反而一方面导致了财政赤字和通货膨胀,另一方面又削弱了储蓄与投资,损害了生产率和竞争能力,从而严重损害了私人资本主义所固有的经济刺激与动力。林德贝克和其他许多瑞典经济学家一样,认为这是 70 年代以来"瑞典病"的根源所在。林德贝克虽然认为

---

① 林德贝克:《多单位主义能存在下去吗?》(1977 年研究报告),第 7 页。

瑞典福利国家在 70 年代的危机的种子早已孕育在它在五六十年代的"成功"之中，但他不是把它归咎于福利国家制度本身，而只是归咎于福利搞"过头"了，只是抱怨说公共开支在 GNP 中所占的比重从 1970 年的 51% 猛增到 1982 年的 67%，就一定会把原已孕育着的矛盾迅速激化起来。林德贝克承认迄今还没有一个经济计量模型来说明究竟什么是瑞典公共开支的最适度水平，但他个人认为在一般情况下，公共开支在 GNP 中的比重若超过 50%，就一定会给整个国民经济带来严重后果。①

值得指出的是，尽管战后以来，以林德贝克教授为代表的一批瑞典派经济学家，基本上都是从上述两个方面来捍卫瑞典派的传统观点和福利国家路线，即既坚持国家对收入分配和就业方面的调节，又坚决维护资本主义生产制度及市场机制。但他们随着历史情况的变化，又表现出不同的侧重点或主要倾向。在 70 年代初期以前，林德贝克等人主要表现出前一种主要倾向，即在维护私人资本主义生产制度和市场机制的同时，着重强调政府对收入分配、就业等进行调节的作用，主张扩大公共开支以促进收入均等化和充分就业。这是因为由长期扩大总需求（或消费）的政策给国民经济造成的损害，还暂时被所谓"经济增长"的"成就"所掩盖着。而在 70 年代初期以后，随着福利国家陷入危机，高税收、高福利给储蓄、投资、生产率所造成的损害明显地暴露出来了，于是林德贝克表现出后一种主要倾向，即在维护基本的社会福利制度的同时，却更多地批评高税收和高福利，更多地强调维护私人企业和个人的经济刺激和动力，更多地强调维护私人资本主义生产与经营制度以及市场机制的作用，从而在研究方

---

① 这是 1982 年我在林德贝克教授领导的国际经济研究所进行三周访问考察期间，林德贝克在一次交谈中跟我谈到的。

向上更多地重视对"微观效应"和"供给效应"的分析。正因为如此，他为使瑞典福利国家摆脱经济困境提出了一系列保守色彩很浓的政策建议。[①] 例如，他主张：(1)压缩公共开支的规模，降低它在 GNP 中所占的份额；同时，降低边际所得税率，"缩小把高收入居民的收入进行再分配的计划"；(2)为了拯救竞争和市场机制，重要的是要对那些严重伤害市场机制效应的"有选择的"政府干预措施（如有选择的补贴、价格调节、进口管制、执照管制、配给制等等）加以限制；(3)缩小社会福利设施规模，一些公共服务业交由私人经营，一些公共服务业实行收费；(4)为防止工资—物价角逐，"政府在工资谈判前就明确宣告，它不能也不想保证做到这点：无论工资与物价如何上涨，政府都将确保设备利用率和就业达到高水平"，即一旦工资或物价上涨过大，政府将允许失业。以上这些主张，也同样可以从其他一些经济学家如伦德堡、斯托尔、梅尔逊、托尔贝等的著作中看到。

总之，在林德贝克等人看来，70年代后半期出现的危机，其主要原因并不在于传统的福利国家路线本身，而在于70年代以来越来越把高税收、高福利搞过头了，把国民收入过多地社会化了，因而破坏了私人资本主义所固有的生产制度与经济机制。今后的出路，就是要把过去搞过头了的高税收、高福利加以纠正，恢复和维护被过度损害了的私人资本主义生产制度与经济机制，使之与国家在收入分配、就业方面必要而又适当的调节结合起来，从而使瑞典经济重新回到它的福利国家的传统轨道上来。他们认为这才是瑞典经济应当遵循的正常轨道。

在此同时，另有一些瑞典经济学家，特别是总工会和社会民主党

[①] 见林德贝克：《克服西方经济成功地运行中的障碍》(1983年研究报告)，第4—6页；《多单位主义能存在下去吗？》(1977年研究报告)，第19—21页；《福利国家中的负激励问题》(1981年研究报告)，第68—70页。

的一些经济学家,则尖锐批评林德贝克等人的主张是把瑞典经济发展路线拉向"右"转,提出瑞典福利国家摆脱经济困境的出路,在于进一步推进社会化或进一步向"左"转,即不仅在收入分配领域继续以均等化为目标,而且还进一步要在资本主义生产资料所有制方面实现某种"变革",把私人企业变为所谓"职工投资基金会"所有的企业。这个"变革"所有制的激进主张,遭到了以林德贝克为首的一大批瑞典经济学家的强烈反对,也遭到了瑞典垄断资产阶级的激烈反对。两派旗帜鲜明,尖锐对立。社会民主党于70年代末,把这项"职工投资基金计划"纳入自己的竞选纲领,1982年重新上台后宣布要把这个计划付诸实施。围绕着这个计划所进行的这场论战,不仅成了瑞典经济学界,而且也成为近几年来瑞典政治生活中的一件大事。这场论战的实质和重要意义,我将在下一节里论述。

第四节 关于瑞典"福利国家"前途的一场论战——"职工投资基金"计划的讨论

所谓职工投资基金计划的主张,最早是由总工会方面的经济学家梅德纳尔于1975年8月间提出来的。它经过总工会内部讨论和修改后,于1976年6月正式提交给总工会代表大会讨论。大会总报告中就职工投资基金计划提出了三项主要原则:(1)强调工资政策的"团结"原则;(2)抑制财产与权力的集中化趋势;(3)通过劳资对企业的共同占有而加强职工对企业的影响。代表大会接受了这些原则。1978年社会民主党代表大会同意了总工会的这项计划,并且在原来三项主要原则之外还补充了一项原则:"职工投资基金计划应有助于增加集体储蓄以扩大生产性投资。"①1981 年总工会与社会民主党在一份题为"劳工运动与职工投资基金"的报告中,提出了建立职工投资基金的联合创议。

(一)关于职工投资基金计划

这个计划的基本内容,是想把企业利润中分配给职工的部分,变成由工会组织代表职工掌握的企业中的"职工集体股份"。根据联合创议,这个职工投资基金主要有两个资金来源:(1)将职工的补充养老金保险费的缴纳提高 1%;(2)从公司利润中提取。前者和养老金保险费一样均由企业主缴纳,后者则是从扣除正常资本收益之后的公司利润余额中提取一定比例。例如,一家公司的资本额计 1 亿克朗,如果资本收益在正常情况下是 15% 的话,则该公司的正常利润当为 1,500 万克朗。如果它的利润总额增加计 2,500 万克朗,则其超过部分为 1,000 万克朗。从这超过部分中提取一定比例,作为职工投资基金。根据该联合创议,这个提取比例以 20% 为宜,即 200 万克朗,作为职工投资基金。据总工会计算,全国各企业的职工投资基金一年可获得 20 亿—30 亿克朗。②

根据创议,各省、市都应设立一个职工投资基金会,掌握本地区各企业的职工投资基金;全国共设立 26 个基金会,各省、市基金会都建立自己的董事会。董事会成员,均根据各地总工会的提名选定,董事会中也包括省政府或市政府的代表。可以说,基金会基本上为各地总工会所控制。1976 年总工会代表大会决议规定,"职工投资应该由职工集体所占有"。总工会就是这种"职工集体"的恰当"代表"。

---

① 瑞典总工会:《劳工运动与职工投资基金》,1982 年英文版,第 12 页。
② 同上书,第 16 页。

职工投资基金赋予职工参与企业管理的权力。一家企业如果由于经济上的原因需要增加资本的话,则职工有权通过自己的工会组织,建议企业领导部门发行新股份。如果企业领导部门和职工在是否发行新股份问题上无法取得一致意见,则可将争议提交一个三人特别仲裁小组。这个特别仲裁小组由工会代表一人、企业代表一人、双方共同推定的第三人共同组成。小组所做出的仲裁决议,对于企业及工会双方均有约束力。

1981年总工会代表大会和社会民主党代表大会,除分别通过了建立职工投资基金会的创议外,还就实现这项任务规定了几项指导性方针,其中之一是:"职工投资基金,应用于抵制经济生活中权力集中化的趋向。这就要求基金的管理必须是集体的、民主的、分散的。基金会在所投资的企业中有影响力量。"[1]

这项创议,在瑞典企业界以及社会各界人士中产生了震动,因为如果按照这个创议推行下去,瑞典的所有私人股份资本,大部分将为工会所支配的职工投资基金会的股份所取代,私人企业大多数亦将随之而变为由总工会所代表的基金会董事会所控制。据梅尔逊说,这个创议实质上是"把实现传统社会主义学说所要求的生产资料由工人集体占有"作为首要目标。也就是说,其用心"并不只是满足工人关于分享一份公司利润的要求",而在于"争取一个未来的新所有制结构"。[2] 这就无怪乎创议导致了企业界的强烈反对,而且在经济学界也引起了强烈反响。从这个创议诞生的时刻起,就一直成为瑞典全国性的争论话题之一。

---

[1] 瑞典总工会:《劳工运动与职工投资基金》,1982年英文版,第21页。
[2] 梅尔逊:《瑞典的工资赚取者扣资基金》(1976年研究报告),第4页。

(二)主张建立职工投资基金的理由

根据总工会、社会民主党的文件以及某些总工会经济学家的意见,建立职工投资基金的必要性及其将给国民经济带来的好处,大体上可归纳为以下几点。

1. 有助于"解决"所谓"团结"工资政策的一致性与企业之间经营差异性的"矛盾"。所谓工资政策中的团结原则,是指职工工资的确定"只是依工作的性质而定,而不考虑公司的支付能力"。也就是说,在不同的企业之间同等的工作的工资水平是一致的。然而,不同企业之间的经营状况却由于投资、设备、技术、经营能力的水平不同而不一致。于是,"团结工资原则"所规定的一致性与企业经营状况的不一致性之间的矛盾,便导致了这种局面:一些赚钱的企业有能力支付更高的工资,而另一些不赚钱或亏损的企业将关厂停业而造成失业。为了维护工资政策中的团结原则,为了使消灭低效率企业的过程进行得更顺利些,便要求将企业利润(至少将其超额利润)交"由社会来支配与调剂",从而必须"改变所有制结构"。据称,本来还可以通过"国有化"来做到这一点,但鉴于西方国家和东欧国家的"国有化"的经验并"不成功",于是,总工会经济学家梅德纳尔等人坚决否定"国有化"道路而代之以"职工投资基金"计划。①

2. 有助于积累资本。70年代以来由于国内外经济形势的不稳定,瑞典私人投资率趋于下降。然而,为了恢复国民经济的平衡和稳定以及加速更新技术设备以提高生产率,据总工会估计,每年需要有20亿—40亿克朗的投资。在投资需求很迫切而私人资本又裹足不前的形势下,总工会和社会民主党的某些经济学家便企图寻找另一

---

① 参见梅尔逊:《瑞典的工资赚取者投资基金》(1976年研究报告),第6—9页。

条筹集资本的途径。他们既想用投资社会化办法来补充或逐步取代私人投资的办法,又拒绝采用企业国有化措施,于是,职工投资基金计划便应运而生了。总工会明确地说:"职工投资基金计划将会为增加集体储蓄做出贡献,而这正是该计划的主要目标之一。我们必将借此途径获得工业所必需的资本。"①

据瑞典经济学家奥曼和梅尔逊的估计,根据总工会与社会民主党的联合创议,每年通过这个职工投资基金计划将可筹集40亿克朗投资。在该计划实施初期阶段,各企业征集来的职工投资基金只限于向本企业投资(即只购买本企业的股份);经过一段时期,则可用来购买其他企业的股份,即可向本地或外地的其他企业投资。如果说在前一种情况下,企业的职工投资基金会只是作为一名"所有者"向本企业投资,那么在后一情况下,则是作为一名"投资者"向其他企业投资。总工会的1980年报告曾强调指出,职工投资基金的设立,使职工们承担起确保企业界最关键部门的资本需求获得满足的责任。②

3. 有助于抑制工人增加工资的要求及缓和劳资之间的对立。当总工会和社会民主党提出这个联合创议时,就曾宣扬说只要企业方面接受了这个职工投资基金计划,广大职工就可能被说服在工资要求方面持某种克制态度,"而这种克制态度对于全国的经济却是十分必要的"。社会民主党领袖和政府首相帕尔梅也曾劝说各大企业接受这个计划。他说,对企业来说,"接受建立职工投资基金的计划,只不过是为换取广大工资赚取者致力于提高企业赢利性而支付的一

---

① 瑞典总工会:《劳工运动与职工投资基金》(1982年英文版),第29—30页。
② 参阅《瑞典总工会1980年工作报告》,第78页;《斯堪的纳维斯卡银行评论》1982年2月号,第54—55页;梅尔逊:《瑞典福利国家危机》(1982),第54页。

笔很小的代价"①。

根据职工投资基金计划的创议者们的上述解释,我们至少可获得以下两点认识:(1)所谓职工投资基金的设立,其主要目的之一是把企业职工逐渐变为该企业的"所有者"或"投资者",以"改革"所有制的结构或性质。为了进一步考察这个计划的特色,我们不妨将它与战后西方一些主要国家的垄断资本企业推行的所谓"职工股份计划"略加比较。例如,战后美国的一些重要企业推行职工股份计划,一般是由企业按"优惠"条件将本企业小额股票推销给本企业职工个人,开立职工个人户头,承认职工个人股权,持股的职工个人有权出席股东会议。而根据瑞典的职工投资基金计划,企业的"职工股份"并不直接给予本企业职工个人,只是给予由工会所代表的"职工集体",由工会和地方政府的代表管理这笔"基金"并代表职工行使股份的"选举权"。这两种"职工投资"计划实质上是否一样?它们对于现代资本主义所有制结构是否有不同的影响呢?美国一些垄断资本企业,虽曾标榜其通过"职工股份计划"来"分散"股权,以实现"人人都是资本家",并宣扬说这种"计划"可以把现代美国资本主义变成所谓"人民资本主义",但实则利用它们作为垄断企业进行资本集中以及"改善"劳资关系的新手段,故垄断企业一般都乐于推行。② 而瑞典总工会和社会民主党却认为,它们的职工投资基金计划是要建立一个由工会组织控制的集体的股份所有制,暂且不论在垄断企业的股份资本中出现的这种"职工集体占有"在性质上与分散的"职工个人占有"是否不同,但全少有一点值得注意:这种"职工集体占有"是直

---

① 转引自《斯堪的纳维斯卡银行评论》1982年2月号,第26—27页。
② 参阅拙作"人民资本主义的反动本质",刊《红旗》1962年第13期。我认为,这类职工投资计划,既可为垄断资本企业所利用,也可为社会主义企业所利用,只是其性质和作用完全不同。

接与一种有组织的社会——政治力量（总工会）联结在一起的。正因为如此，它遭到私人企业主的强烈反对。（2）瑞典职工投资基金计划的提出，从一个侧面反映了瑞典现代资本主义的基本矛盾。一方面瑞典经济的发展要求扩大生产性投资，另一方面私有制又给私人投资设置了障碍，许多私人资本趑趄不前或者流出国外，因而，企图借职工投资基金计划，通过逐渐提高企业资本的社会化程度的办法来"解决"这一问题。从目前情况看，这种"集体的"所谓"职工投资"在资本主义企业中的比重和作用还不是很大，仍然是资本主义经济框架内的一个经济范畴。然而，它以后的发展及其对资本主义企业内部结构的影响，无疑值得我们密切注视并认真研究。

（三）反对职工投资基金计划的理由

总工会和社会民主党提出的职工投资基金计划，遭到许多瑞典经济学家的强烈反对。他们的主要反对理由，大体上可归纳为下面几点：（1）他们认为，瑞典经济要恢复过去的"活力"与竞争能力，的确需要扩大投资。但私人工商业投资的增长，必须建立在对瑞典资本主义经济的前途的"信念"上。伦德堡和林德格伦借用凯恩斯的话说，私人投资能否增大，取决于投资者对未来"赢利性"的"预期"。70年代国内外经济形势变幻莫测，损坏了人们（特别是投资者）对资本主义经济的未来的"信念"。如今若鼓吹职工投资基金计划，势必使人们对资本主义经济的未来更加丧失"信心"，投资者势必越发颓丧悲观。他们警告说，"其后果将是严重的，甚至是灾难性的"。他们强调说，"目前的关键因素，乃是职工投资基金计划带来了真正的不确定性"。① (2)他们认为,让私人企业逐渐转变为"职工股份"企业,由中央、地方及企业的工会组织支配,将严重破坏资本主义市场经济的机制,使得瑞典经济"不是转向更多地由利润所指引的更有效地分配生产资源的制度",而是"扩大靠税收津贴过日子的领域"。在这种制度下,"有效的价格制度将被一种新的靠财政补贴过日子的机制所取代"。70年代瑞典经济的教训已可作为殷鉴。(3)他们认为,这个计划将"使得所有制职能集中在少数工会官员或政治家的手中"。在这种制度下,将缺乏多种相互独立的竞争力量,从而在经济上进一步形成"垄断",在政治上将损坏"民主制"。换言之,"它既严重损坏市场经济的效率,又严重损坏现行民主制度的前提条件"②。

林德贝克反对这个职工投资基金计划最为强烈,影响最大。他除了上述的共同意见外,还有两点意见值得注意。(1)他认为,这个计划本来声称其"主要目的"就是要"遏制所有制与权力的集中化趋势",而实际上,它却会"促进"瑞典经济中已存在的经济权力"集中化"的趋势,甚至会把这个"集中化"推进到一种极端的形式,把权力集中到少数工会"官僚"的手中,这是该计划的一个内在矛盾。(2)工会过去在工资谈判中所起的传统作用乃是:作为社会中的一种抗衡力量,致力于捍卫所有职工的利益而与公司、雇主协会及政府相抗衡。而一旦实施了职工投资基金计划,则企业中的工会组织将从职工代表的地位转变为雇主地位,工会将成为"雇主协会"的一个新成员。在未来的工资谈判中工会组织势必失去它的传统作用与地位。

很显然,林德贝克在这里提出的两点批评性意见,都是从他的"多单位主义"出发的。他反对出现由工会控制的职工投资基金来

---

① 伦德堡和林德格伦:"关于职工投资基金及其经济后果的不确定性",刊《斯堪的纳维斯卡银行评论》1982年2月号,第23—25页。

② 梅尔逊:《危机中的瑞典福利国家危机》,1982年英文版,第58—59页。

"支配"或"垄断"资本市场的局面,担心一旦资本市场为工会所控制的职工投资基金会所支配,其后果将和"银行国有化"一样:"资本市场的权力集中势必危害目前分散决策的经济,从而也危害一个多单位主义的社会。"因此,从多单位主义的观点出发,林德贝克主张资本市场"多单位化",主张政府应促进建立一系列"独立的"、"竞争的"基金,即允许保险公司、退休养老金基金以及一切资本信托机构均可建立各自的"公民基金"。这些"公民基金"均以营利为目的而彼此竞争。而公民个人都可以通过退休养老金收益、储蓄、股份等形式参加各公民基金,从而与各公民基金建立利害与共的密切关系。与此同时,各公民基金的董事会成员将由各阶层、各界组织所委派,即既可由工会,也可由小企业协会、农业组织、养老金协会、高等教育机构、科研单位、文化协会以及各种团体所委派,而不像现今的各种投资基金那样只由银行家、高级经理、大私人股东、政府官员和政治家来组成并操纵。据称,这样就可把资本的所有权和支配权建立在广泛的社会基础上。[①]

总之,林德贝克把公民基金不仅看作是一种现今瑞典条件下扩大储蓄与投资的有效工具,而且想借它来避免"国有化"或"垄断化"的前途,促进资本、权力、决策的"分散化"以发挥资本主义私有经济和市场机制的"活力"。而总工会和社会民主党则把职工投资基金看作是用职工"集体占有"来取代"私人资本占有"的重要途径。职工投资基金和公民基金代表着有关瑞典经济前途的左和右的两种倾向性的方案。特别值得注意的是,职工投资基金计划得到了广大工会群众的支持,但遭到了绝大多数企业主以及许多经济学家的强烈反对。职工投资基金计划自 1975 年提出以来,特别是自 1978 年它为社会

[①] 参阅梅尔逊:《瑞典的工资赚取者投资基金》(1976 年研究报告),第 12—15 页。

民主党代表大会所接受以来,一直成为瑞典政治斗争和理论斗争中的一个重要课题。在这场斗争中,反对派的扛鼎人物,便是林德贝克。林德贝克不仅作为瑞典学派的当代代表人物和诺贝尔经济学奖委员会主席在学术界有重大影响,而且曾作为社会民主党党员、高级幕僚及帕尔梅总理的朋友,对于政府的经济决策曾有过重大影响。他在职工投资基金计划提出之后,不仅立即发表文章与演说予以批评,而且向社会民主党领导部门提出:只要社会民主党把这个计划纳入下届竞选的纲领,他就宣布退党。随着1981年社会民主党宣布把职工投资基金计划纳入竞选纲领,林德贝克真的宣布退党了。这一行动在当时企业界与政界引起了震动。社会民主党通过1982年大选,重新执政。以帕尔梅总理为首的社会民主党政府1983年提出计划,要对公司利润增税20%以便建立职工投资基金,用以购买企业股份。政府的这一行动在全国引起了轩然大波。1983年10月4日以沃尔沃公司、卢克斯电气公司的负责人等企业界人士为主体的七万多群众举行了据说是这个国家历史上规模最大的一次游行示威,强烈抗议政府的这个行动,因为他们担心这个建议"可能导致工会逐步接管瑞典私营企业"。毫无疑问,总工会和社会民主党政府的这个职工投资基金计划的进一步贯彻,无疑将会使得瑞典全国的阶级关系空前地紧张起来。

一个重要问题,就是如何从理论上认识职工投资基金和公民基金这两个代表着不同倾向性的计划。从理论上剖析了这两者的实质及其历史背景,对于我们研究瑞典福利国家制度的实质与前途,无疑会有所裨益。然而,由于这两个计划,特别是总工会的职工投资基金计划,既是在瑞典国家垄断资本主义发生危机的历史条件下的产物,又是作为"诊治"瑞典国家垄断资本主义的"药方"之一提出来的,因而只有对瑞典国家垄断资本主义的发展进行了理论分析,才能对这两个计划以及其他与所谓福利国家有关的措施认识更清楚些、更深刻些。为此,我们将在下一章对瑞典垄断资本主义的发展做一综合的、理论的考察。

第六章　福利国家制度的本质
——国家垄断资本主义

在前面各章中，我们所论述的瑞典福利国家的理论与实践，实际上是一种国家垄断资本主义的理论与实践。作为一种国家垄断资本主义经济，瑞典福利国家经济（或所谓混合经济）在基本方面（如私人垄断资本占有制等）跟其他西方发达国家有相同或相似的地方；但它也有其特点，其中之一，可以说是"特"在它把现代资本主义的各种矛盾暴露得比其他西方发达国家更为鲜明、更为尖锐些。本章我们打算在对瑞典福利国家经济分析的基础上，结合西方某些主要资本主义国家的情况，对当代福利国家的理论与实践，做一些初步的探讨，从而进一步加深我们对福利国家制度的性质及其危机的认识。

第一节　福利国家制度——现代资本主义基本矛盾和阶级矛盾的产物

福利国家制度，作为国家垄断资本主义的一种形式，乃是现代资本主义基本矛盾长期发展的必然产物，也是现代资本主义社会阶级矛盾和斗争长期发展的产物。

1. 现代资本主义基本矛盾长期发展的产物。我们知道，在生产集中和资本集中的基础上形成的垄断资本主义，本是资本主义基本矛盾——生产社会化和生产资料私人占有之间的矛盾发展的结果。随着资本主义的发展，生产的社会化程度越高，生产的规模越大，便越发明显地表现出资本主义私人占有制的局限性,越发迫切地要求资本"社会化"。因为巨大的生产规模不是任何个别私人资本所能承担得了的,铁路的建造、矿产资源的开发以及运河的开凿等就是这样。私人资本主义占有制的"局限性"与社会化生产之间的这个冲突,迫使资产阶级力图在资本主义生产关系许可的范围内去"缓解"这个"局限性"。于是,股份公司制度便适应这样的需要而出现,并获得了迅速发展。股份公司作为一种资本集中的工具,可以把分散的、小额的单个资本集中起来,以适应大企业进行巨额投资的需要。正如马克思所说,"假如必须等待积累去使某些单个资本增长到能够修建铁路的程度,那么恐怕直到今天世界上还没有铁路。但是,集中通过股份公司转瞬之间就把这件事完成了"[1]。与此同时,现代化银行也适应这种需要而发展起来。这些过程,在瑞典是发生在19世纪20—70年代,而在其他发达国家却完成得稍早些。19世纪末和20世纪初,在银行垄断资本和工业垄断资本相互融合的基础上,形成了支配着垄断组织的金融资本。随着这类垄断组织发展成为全部经济生活的基础,资本主义便从自由竞争阶段过渡到垄断阶段。

　　这种金融资本,以金融机构为中心,利用股份的发行与占有,可以动员、组织、支配散落在社会各个角落里的私人资本和零星资金,因而较之过去分散的单个资本在形式上具有较高的"社会化"程度。但它毕竟植根于资本主义私人占有制的土壤中,因而没有也不可能消除资本主义所固有的矛盾。当矛盾发展到一定阶段时,资本主义经济制度将无力再自行"调整"而不得不求助于"国家"的力量,这将驱使资本主义经济从垄断资本主义阶段转上国家垄断资本主义的轨道。恩格斯早就预见到这个历史趋向。他说:"猛烈增长的生产力对

---

[1] 马克思:《资本论》,《马克思恩格斯全集》第23卷,第688页。

它的资本属性的这种反抗,要求承认它的社会本性的这种日益增长的必要性,迫使资本家阶级本身在资本关系内部一切可能的限度内,愈来愈把生产力当作社会生产力看待。无论信用无限膨胀的工业高涨时期,还是由大资本主义企业的破产造成的崩溃本身,都把大量生产资料推向如我们在各种股份公司中所遇见的那种社会化形式。……在一定的发展阶段,这种形式也嫌不够了:资本主义社会的正式代表——国家不得不承担起对生产的领导。"[1]

资本主义基本矛盾的最激烈的表现形式之一,就是周期性的生产过剩危机,自1825年英国爆发第一次经济危机以后,几乎所有主要资本主义国家每隔十年左右都会经历一次危机。1847—1848年爆发了历史上第一次世界性经济危机。于是,如何对付周期性的生产过剩危机,便成了国际垄断资产阶级所面临的一个共同课题。在20世纪初,一些主要资本主义国家,如德国、英国、美国等,开始出现利用国家力量"干预"经济生活,或强制推行《卡特尔法》,或实施"战时经济动员",或对个别企业采取"国有化"措施。1929—1933年的世界性经济危机震撼了整个西方世界,各国垄断统治集团都认识到:除非借助于国家调节,否则便无法维持其政治、经济的统治。例如在美国,1933年失业率达25%以上,一般工商业营业额不到过去的60%,仅1932年一年就有1,400多家银行倒闭。为了挽救这种危急情况,罗斯福总统1933年一上台就立即宣布实施"新政",采取了扩大政府开支(如失业救济、农场津贴等)、推行公共工程计划、实施通货膨胀法令等一系列措施。正如著名历史学家福克纳等人所说,"'新政'所期望的并不是经济制度的根本改革。资本主义的基本因素仍被保留下来,这些因素是生产资料与分配手段的私有制和利润

---

[1] 恩格斯:《反杜林论》,《马克思恩格斯全集》第20卷,第302页。

制度。事实上,'新政'的主要任务表现为拯救资本主义。"①在大危机的袭击下,英国垄断统治集团摒弃了传统的自由贸易政策,转上国家干预的轨道;德国垄断统治集团迫不及待地于1933年1月把希特勒捧上了台,推行经济军事化。至于瑞典,前面已讲过,灾难性的经济危机,使得政权于1932年第一次落在以P. A.汉森为首的社会民主党身上,而汉森首相则提出一项包括赈济性公共工程在内的广泛的国家干预计划。这一切清楚地表明:垄断资本主义制度本身已无法克服也无法避免它所固有的基本矛盾,因而借助于国家作为社会的"合法代表"在全社会范围内进行调节。

值得注意的是这类国家干预计划,有的是与某些福利设施相联系,有的是和充分就业措施相联系。所有这一切,都是出于垄断统治集团企图通过调节收入分配与宏观经济活动以"缓和"资本主义基本矛盾和阶级矛盾的需要。正因为如此,在20世纪30年代的大危机之后,所谓《福利国家》的口号和设施便不胫而走,成为国家垄断资本主义的一种重要的表现形式。

2. 现代资本主义社会阶级矛盾与斗争的产物。福利制度,是劳动人民长期斗争的结果。在如何看待西方国家的福利设施问题上,过去曾有过两种不同的观点:一种观点是把这些福利设施说成是资产阶级及其国家的"恩赐",另一种观点是把这仅仅说成是统治阶级对劳动群众的一种"欺骗"或一种腐蚀剂。前一种观点显然来自统治阶级的辩护,后一种观点则是过去"左"的路线影响下的产物。两者自然都是错误的。

资本和雇佣劳动之间的对立关系,决定了资产阶级在一般情况下不可能对劳动者发"善心",安排劳动者的福利设施。劳动者境遇

---

① 沙伊贝等:《近百年美国经济史》,中国社会科学出版社1983年版,第380页。

第六章　福利国家制度的本质——国家垄断资本主义　　191

的改善,历来是通过自己的斗争赢得的。资产阶级国家,作为一个"总资本家",一方面固然不可能对劳动群众的困苦发"善心",但另一方面,随着劳动群众的组织和力量的日趋壮大,作为总资本家的国家为了缓和阶级对立和冲突,维护其统治,不得不改变其策略。只需对历史做一简单回顾,就可看到:在阶级力量对比各不相同的每个历史发展阶段,资产阶级及其国家对待劳动群众的态度和策略都有所变换。

在英国资本主义发展的初期阶段,虽然也有少量的"济贫所",但多是教会举办的"慈善事业"。当时,保守的地主资产阶级却认为他们对劳动者的剥削和劳动群众的贫困都是天经地义的,因此对于劳动群众的境遇不仅不予同情,反而极力反对国家或社会对穷人进行"赈济"。例如,他们的代言人牧师马尔萨斯曾把劳动者的贫困说成是出自上帝的旨意,把贫困归咎于"上帝在大自然的丰盛筵席上没有给他(指穷人)安个座位"。就是说,穷人即使是饿死了,也是"上帝"的旨意。当时地主资产阶级竟敢于全然无视劳动者的困苦,甚至否定劳动者的生存权利,一个重要原因乃是:马尔萨斯正处于从18世纪60年代开始至19世纪30年代基本完成的产业革命时期,产业革命不仅大大加速了对广大小生产者的剥削过程,而且促进了工厂制度的建立,使雇佣劳动者完全处于对资本的附庸地位。当时工人群众也曾自发地起来斗争。盛行于19世纪初期的"鲁第运动",只是用捣毁机器的办法以反对机器的采用,而不是反对雇佣劳动制度本身。工人运动尚处于蒙昧状态。地主资产阶级不仅在经济的而且也在政治的阶级力量对比上具有绝对的优势。正是这种优势地位使得统治阶级的代言人马尔萨斯敢于公然否认劳动群众的生存权利。

随着1825年在英国爆发了第一次经济危机,随着工人群众日益觉醒和力量不断壮大,英国工人阶级在19世纪三四十年代开展了要求民主权利的"宪章运动"。列宁把英国"宪章运动"称为"世界上第一次广泛的、真正群众性的、政治性的无产阶级革命运动"①。在工人阶级的斗争面前,英国统治阶级采取了两手策略,相继实施了一系列承认工人群众某些权益的《工厂法》及其他法令,由政府举办一些"赈济"设施。19世纪中期以后,英国资产阶级越来越公开地从海外殖民地掠夺来的巨额利润中拿出一小部分支持工人运动中的改良主义倾向。列宁曾指出,"19世纪中叶,英国几乎完全垄断了世界市场。这种垄断使英国资本获得难以置信的巨额利润,因此有可能从这些利润中拿出一点点给工人贵族——熟练的工厂工人"②。应该指出的是,列宁这里讲的只是巨额海外利润使英国统治阶级有"可能"从中拿出一点点,这里讲的只是"可能"。毋庸讳言,要使这种"可能"变为现实,也还有赖于工人群众自身的组织力量和斗争。1893年,英国独立工党在它的建党纲领中提出了改进社会福利设施的主张,其中包括建立养老金制、失业补贴和实行免费教育等。

美国工人阶级在组织上、思想上都不如英国及其他欧洲国家那么成熟,但在19世纪后半期至20世纪初,工人的组织程度和斗争性也比过去提高了。据统计,1886—1914年间,美国平均每年都发生1,000多次罢工。也正是这种局面迫使统治集团不得不对劳动群众的物质状况稍加"改良",但其目的主要不是"仁慈",而是为了维护资本的统治。美国总统罗斯福就曾直截了当地强调指出,"我们用改良来拯救资本主义。我们要制定最先进的《工厂法》。我们要对全部托拉斯实行国家监督。我们要对托拉斯实行国家监督,是为了消灭贫困,大家都得到'合理'的工资。我们要确定'社会公平和工业公平'。

---

① 《第三国际及其在历史上的地位》,《列宁全集》第29卷,第276页。
② 《哈利·奎尔奇》,《列宁全集》第19卷,第370页。

我们要发誓实行一切改良……我们就只不愿意实行一种'改良'——剥夺资本家"①。简言之,他之所以主张"改良主义",归根到底是为了避免资本家被剥夺的历史命运。

1929—1933年的经济危机震撼了整个西方世界,企业倒闭,工人大批失业,西方各国陷于恐慌之中。一方面国内阶级矛盾空前尖锐化;另一方面当时苏联的社会主义经济建设却取得了胜利,与西方世界形成了强烈对比。在这种国际和国内形势下,除了瑞典社会民主党政府以"全民福利"作为自己的旗帜外,美国政府也推行以挽救失业为主要内容的"新政"。特别是第二次世界大战结束以来,随着工人运动的开展和劳动群众的高度组织化,随着社会民主党和工党在许多国家成为重要的政治力量,西方主要资本主义国家都在不同程度上推行了社会福利制度,标榜"全民福利国家",这些设施不仅仅限于"济贫",而且还包括"收入均等化"、"充分就业"、"经济增长"等经济目标。一百多年前,马尔萨斯公然否认劳动者的生存权利,他所反映的统治阶级的气势何等嚣张!如今这些国家的统治阶级却大念"福利"经,竞相表明自己如何关心、维护、增进劳动者的"福利",态度的变化,委实很大。但这个变化的重要原因之一,就是阶级力量的对比已是今非昔比了,否则,大规模的福利设施的推行是难以想象的。

总之,战后西方国家所标榜的福利国家制度,乃是国家垄断资本主义的一种表现形式,是现代资本主义基本矛盾和阶级矛盾发展的产物。对于劳动群众来说,战后各国社会福利设施的实施,是工人阶级和劳动群众依靠自身组织的力量,通过长期斗争所赢得的。这是近代工人运动所展示给我们的一个历史事实。对于现代资本主义制度以及垄断资本统治集团来说,实施社会福利设施,是为了缓和资本

---

① 转引自《美国总统选举的结果和意义》,《列宁全集》第18卷,第398页。

主义基本矛盾和阶级矛盾,以维护垄断资本在政治上和经济上的统治地位而不得不采取的措施,或者说,不得不支付的一种"代价"。就瑞典的情况来看,社会福利方面的公共开支相当庞大,这个代价过于昂贵,昂贵得已超过了瑞典资本主义经济的负荷能力。这种情形,在英国、美国等国也不同程度地出现。把所有社会福利设施看作是现代资本主义为维护其生存和统治地位而不得不支付的一种"代价",这是我们从对瑞典"福利国家"的实践的探讨中获得的一点新认识。这点新认识很重要,因为它有助于我们认识福利国家危机的实质和现代资本主义基本矛盾的新表现形式。这一点,我们后面还将进一步讨论。

第二节 福利国家的理论基础——国家垄断资本主义的意识形态

所谓福利国家制度,或者像林德贝克所称的"混合经济",作为国家垄断资本主义的一种发展形式,是指一种私人资本主义生产与国家对收入分配、宏观经济活动的某些调节相结合的制度。它在国家调节问题上,有广义与狭义之分。就狭义讲,一般只是指那些与所谓收入均等化目标、国家对收入分配的调节政策相联系的社会福利设施,如医疗保险、老年退休金、失业救济、低收入家庭补助等等。就广义讲,它还包括国家以充分就业为目标调节宏观经济活动的政策与设施。不过,战后西方许多国家既都以"充分就业"为一个重要政策目标,同时也都在不同程度上推行与"收入再分配"相联系的社会福利设施,只是各自的侧重方面有所不同。例如:瑞典长期以来一直偏重于贯彻以收入均等化为目标的社会福利设施,同时也重视对宏观经济活动的调节以确保充分就业;美国长期以来比较侧重于以充分就业为首要目标的宏观经济调节,同时也逐渐重视某些福利设施的意义;而英国则似乎二者并重,并强调充分就业计划应属于福利国家制度的一个重要内容。这些差异,和各自的政策指导思想——经济学说的差异有着密切联系。它们分别与现代两个主要经济理论派别相联系。一个师宗于瑞典学派的经济理论,一个奉行凯恩斯主义学说。这两个学派虽然在理论上有很大差异,但在一些基本观点上却是吻合的:都不相信资本主义经济的自发调节作用,都主张对现代资本主义的宏观经济活动和收入分配实行不同程度的国家调节,因而,不仅它们的政策主张大体相同,而且这些政策带来的严重经济后果也雷同;所谓"瑞典病"、"英国病"或福利国家危机之类的病症,这些国家也都不同程度地染上了。其原因是:这些理论与政策都是从国家垄断资本主义这块土壤里长出来为国家垄断资本主义服务的。为了说明这一点,不妨将这两个学派的主要理论和政策主张、两个学派之间的区别与联系,略加对比分析。

凯恩斯(1883—1946年)是英国著名资产阶级经济学家,其代表性著作《就业、利息和货币通论》出版于1936年。他的一个基本理论——"有效需求"学说实际上是30年代大危机的产物,其基本内容有如下几个要点:(1)为了维护资本主义生产,它讳言资本主义经济危机的特征是"生产过剩性"的,而只归咎于"有效需求不足";(2)它与资产阶级传统经济学不同,不仅不否认资本主义经济危机的可能性,反而承认资本主义经济由于自身没有自我调节的能力,因而经济危机不可避免;(3)它认为,经济危机之不可避免,绝不是由于什么社会经济原因,而只是由于三个"基本心理因素",即所谓"心理上的消费倾向"、"灵活偏好"和"对资本未来收益的预期"作祟的结果,使得由消费需求和投资需求构成的所谓总"有效需求"的增长赶不上"收入"的增长,于是,"有效需求"的严重不足便可能导致经济危机发生;

(4)它认为,"基本心理因素"是经常起作用的,因而在资本主义条件下总需求水平经常低于生产的供给水平,即低于各生产要素的"充分就业"水平,故"低于充分就业的均衡"才是资本主义经济的"常态";(5)它认为,既然经济危机的根源在于"心理因素",则资本主义经济制度自身便无能为力,这就得依靠资产阶级国家来"调节",主要依靠国家财政措施来增加投资和刺激消费,同时也辅佐以货币政策,以提高总需求水平。于是,它极力主张扩大政府的权力,广泛采用"国家调节"措施,以遏制经济危机,认为"这是唯一切实的办法,可以避免现行经济形态之全部毁灭;又是必要条件,可以让私人策动力有适当的运用"[1]。这一来,便为国家垄断资本主义的发展铺平了道路。

战后以来,随着凯恩斯主义的发展在美国和英国各具特色,这两个国家的国家调节实践也相应地有所差异。

在美国,以萨缪尔森、托宾及索洛为代表的所谓后凯恩斯主义主流派,把凯恩斯的就业理论(亦称"收入决定理论")跟瓦尔拉和马歇尔的"均衡论"、价格论、分配论相结合,发展为一个所谓"收入—支出模式",用来分析投资、消费、储蓄等总量的变量与收入、就业之间的数量关系,作为运用财政政策、货币政策等政策工具进行宏观经济管理,实现所谓"无通货膨胀的充分就业"的依据。这个学说又被萨缪尔森称为"新古典综合"理论。正是主要在这个美式凯恩斯主义的影响下,战后美国政府一向将"充分就业"、经济增长奉为首要政策目标,而未把"收入均等化"列为重要政策目标;政府"调节"的重心放在宏观经济活动(即总需求水平)方面,而不是落在"收入分配"方面。必须提及的是,尽管美国不把"收入均等化"列为首要目标,但它在社会福利方面的开支(他们称之为转移性支付)在联邦预算中所占的比

---

[1] 凯恩斯:《就业、利息和货币通论》,商务印书馆1963年版,第323—324页。

重却不断增长。据统计,转移性支付在联邦总支出中的比重从1948年的32.8%增到1978年的40.3%,超过了军费支出所占的比重。借此而宣扬美国福利国家的论调,也时有所闻。尽管如此,但转移性支付的增长主要并不是与所谓"收入均等化"政策目标相联系的,而是与扩大公共开支、提高总需求水平的凯恩斯主义"充分就业"政策相联系的。

在英国,战后无论是工党政府抑或保守党政府,都把凯恩斯主义作为其政策的重要指导思想。一方面,它依据凯恩斯的"有效需求"理论,主张进行"总需求管理"以遏制衰退和实现"充分就业",战后初期贝弗里奇为英国政府制订的"充分就业方案",就是凯恩斯主义理论和政策的产物。英国凯恩斯主义者强烈认为,要在英国建立起福利国家,其首要条件就是要确保充分就业。故他们把充分就业看作为福利国家的首要内容。另一方面,它也重视"收入分配不均"的问题,并利用凯恩斯主义来为"合理分配收入"提供依据。主要是:(1)从凯恩斯《通论》中摘出片言只语作为依据。例如,凯恩斯在《通论》中曾提到资本主义社会中靠利息为生的"食利者阶级"将自然趋于灭亡,也曾提到收入分配若过于不均而富有者又厉行"节俭",则不利于经济的增长。① 他们便据此认为凯恩斯也反对收入分配"不均"而主张对收入分配也加以"调节"。特别是英国凯恩斯派阵营中以罗宾逊、卡尔多等人为代表的少数"左"派,坚持认为凯恩斯当时全神贯注于就业问题,"收入不均"问题虽曾提出却未展开分析,极力要给凯恩斯理论"补充"一个"分配理论"。② (2)援引凯恩斯的"边际消费倾向"理论,作为"改进"收入分配的依据。按照这个"理论",富有者的

---

① 参阅凯恩斯:《就业、利息和货币通论》,商务印书馆1968年版,第318—320页。
② 参阅罗宾逊:"经济理论的第二次危机",刊《美国经济评论》1972年5月号。

"边际消费倾向"(和消费倾向)比穷人的要低,因此,"收入分配"越是贫富不均,势必越发压低了全社会的"消费倾向",从而加剧"有效需求"的不足和失业的增加。照此说来,为了提高全社会的消费倾向以扩大"有效需求",也必须"改善"收入分配"不均"的状况。总之,他们无论是在国家实施"宏观调节"或"需求管理"方面,抑或在国家"调节"收入分配使之合理化方面,都立足于凯恩斯的"有效需求"理论的基础上,把"国家调节"的作用主要集中在"需求"方面。但是,战后英国政府较大规模地实施一些社会福利设施,贯彻对"收入分配"的"调节",其指导思想除了来自凯恩斯主义理论外,尚在相当程度上受到"费边主义"及其他"社会主义"思潮的影响。

上面所述,说明了战后美国、英国的所谓福利国家设施的推行,主要是在凯恩斯主义理论和政策的影响下进行的。而本书的第五章,则说明瑞典的福利国家设施的推行,主要是与瑞典学派的理论与政策相联系着的。于是,一般读者自然会进一步提问,这两个经济学流派的理论与政策有何异同?它们的实践意义是什么?我想,讨论一下这个问题,对于了解福利国家制度的实质及其了解国家垄断资本主义发展的影响,不无裨益。

以魏克塞尔为先驱的、由林达尔、米尔达尔、俄林、伦德堡等人建立起来的瑞典学派,与凯恩斯理论相比较,有如下几点不同之处:(1)从方法上讲,瑞典学派采取了动态分析方法,即把时间因素导入分析之中,重视"预期"在经济过程中的作用,注重"事前"、"事后"之间的过程分析;而凯恩斯采取的却是静态分析法,即假定现有的资本存量、生产技术、劳动者的素质与数量、消费倾向以及价格等变量在短期内不变。(2)凯恩斯在《通论》中的分析是封闭型的,即把对外经济关系排除在外;而瑞典学派的分析则一向是开放型的,因为外贸对于瑞典经济十分重要,不容丝毫忽视。(3)凯恩斯本人在《通论》一书中提供了理论("有效需求"论)和政策建议,战后的追随者则在此基础上建立了如何确定产量和收入水平的模式(如"收入—支出"模式);瑞典学派有货币理论和利息率"调节"政策,正如美国著名经济学家克莱因所指出的,"瑞典经济学家的利息理论的确蕴含着这样一个意思,即利率的操纵是保证充分就业的一个适当的措施"[①]。但它没有建立起自己的"模式",把自己的理论与政策联系起来。尽管凯恩斯学派与瑞典学派有上述不同,但在一些基本方面却是一致的:(1)基本指导思想一致。它们都认为资本主义经济制度有一个根本缺陷:不能自行"调节",而必须仰赖于"国家调节"或"政府干预"。这正反映出这两个学说作为国家垄断资本主义意识形态的特征。但从重视总量分析、宏观管理以实现"经济稳定化"来看,从主张资本主义私人经济基础和政府某些经济职能(如财政预算、货币管理等)相结合的混合经济方面看,则瑞典学派较多地与美国凯恩斯"新古典综合"派相接近;从其重视对收入分配的"调节"和重视"社会福利"设施方面看,则瑞典学派又较接近于英国"剑桥凯恩斯派"。(2)国家"调节"的重点一致。凯恩斯主义把"调节"的重点放在"总需求"上,这一点十分清楚。瑞典学派没有"需求"学说,但其对利息率"调节"的主要效果,无非是影响"投资需求";而其对收入分配的调节,无非是通过扩大"社会福利"开支以扩大公私消费需求,可见,其最后效果均落在"总需求"上。所以,凯恩斯学派和瑞典学派虽然在理论上有所不同,但其基本指导思想、政策措施以及这些政策的实践意义是基本一致的,即主要依靠社会福利设施和充分就业政策,通过扩大公私消费以扩张"总需求"的办法,在经济上缓和由资本主义基本矛盾所导致的周期性经济危机,在政治上缓和国内的阶级矛盾与冲突,以期实现

[①] 克莱因:《凯恩斯的革命》,商务印书馆1962年版,第54页。

"经济稳定化"和"政治安定化"。

在这里,还顺便提一下瑞典学派和凯恩斯学派之间几十年未曾解决的一个争议问题:这种宏观的总量分析方法和反危机"干预"措施,两个学派都有,究竟是谁家首创的?从理论上讲,魏克赛尔早就在其有关货币变量与实际变量的"累积过程"的分析中运用了"总量"概念;从政策上讲,社会民主党政府1932年一上台就实行"公共工程"计划以克服失业,1933年又通过了主张短期赤字预算的《财政法案》。此外,当时政府失业委员会的失业问题调查报告(报告结论部分为哈马舍尔德执笔),以及委员会成员们(如米尔达尔、俄林、约翰逊等)的著作,不仅承袭了魏克赛尔的总量分析和"利息率"调节的观点,而且也重视财政政策在消除失业方面的"经济效果"。这些都是凯恩斯《通论》出版(1936年)以前的事。这就无怪乎俄林在凯恩斯《通论》出版的翌年就发表文章,提出无论在总量分析理论方面还是在经济政策方面瑞典经济学家都走在凯恩斯前面,并第一次给以魏克赛尔为代表的瑞典经济学家命名为"斯德哥尔摩学派"。[①] 瑞典学派代表人物米尔达尔、伦德堡等也坚持瑞典学派的"发明权",认为凯恩斯《通论》谈不上什么"划时代的革命"。[②] 于是,人们便问:是否凯恩斯直接接受了瑞典学派的新影响呢?凯恩斯本人矢口否认,因为瑞典学派著作过去均是用瑞典文和德文发表的,而凯恩斯对这些著作并不熟悉。况且,凯恩斯早在20世纪20年代就已提出过利用财政手段去消除失业的政策主张,《通论》只是为这些"调节"措施提供

[①] 俄林:"关于斯德哥尔摩储蓄与投资理论的若干体会",刊《经济学杂志》1937年3月号和6月号。

[②] 参见米尔达尔:《社会理论中的价值》(1958年第240—241页)和伦德堡:《商业循环和经济政策》(1957年第108—109、117页)。

理论基础。① 甚至也还有个别瑞典经济学家例如兰德格伦,认为30年代初在说服社会民主党政府采取财政手段消除失业方面起过很大作用的是后来担任财政部部长的威格福尔斯,而此人当时主要是接受了受凯恩斯思想影响的英国自由党左翼的观点,特别是受到自由党1918年题为"英国工业的前途"的"黄皮书"的影响,因该黄皮书提出了一个利用大规模公共投资来克服萧条和失业的全国性"计划"。② 总之,其说不一,各执一端,我们也不拟在这里做进一步的"考证",只是提出,在这个问题上西方多数经济学家同意罗宾逊、熊彼特等人的这种说法:凯恩斯和瑞典学派各自独立、平行地提出了一套宏观管理的理论和政策。③ 这两个学派独立平行地出现,正好表明,不是个别国家的,而是整个世界的资本主义基本矛盾已激化到这种程度:迫切要求加速将现代资本主义转上国家垄断资本主义的轨道。这两个学派,就是在同一历史背景下产生的,同样担负着为"国家调节"提供理论工具和政策工具的历史使命。从而,这些理论和政策的推行,即福利国家的实践,对于现代资本主义经济的发展所起的作用,以及带来的新现象和新问题,也大体相同。

第三节 福利国家的危机——国家垄断资本主义的危机

战后所谓福利国家的推行,对于国家垄断资本主义的发展究竟

---

① 参阅克莱因:《凯恩斯的革命》(1947年)和哈罗德:《凯恩斯生平》(1950年)。
② 林德格伦:《1927—1939年间凯恩斯、威格福尔斯和俄林的经济观点》(1960年版)。
③ 参阅罗宾逊:"评米尔达尔的货币均衡论",刊《经济学杂志》1939年9月号,第493—495页;熊彼特:《经济分析史》1954年版,第1085、1173—1174页。

起了什么作用？带来了什么新现象和新问题？一个最突出的情况是：政府对经济的干预职能扩大和公共部门迅速扩张，从而公共开支迅速增长。诚然，巨额公共开支中除了社会福利开支外，还有军费开支，特别是像美国这样一个超级大国，军费开支尤其庞大。不过，一个不容忽视的事实是：战后西方许多国家在社会福利方面的开支（或转移性支付）增长得比军费开支快，即使在美国，前者在联邦财政支出中的比重，至70年代已开始超过军费开支在联邦财政支出中的比重。至于瑞典，其公共开支在80年代初已增至GNP的70％，其中军费开支约只占5％，其余绝大部分都直接或间接与社会福利设施有关。总之，战后以来西方国家的公共开支几乎普遍地获得了较快的增长，这确实是一个有目共睹的事实。各国政府通过各项福利设施（包括充分就业措施在内）而迅速扩张起来的巨额公共开支，正如我们前面所说，本是各国统治集团为了遏制周期性经济危机和缓和阶级矛盾与冲突，争取实现所谓经济稳定化和政治安定化而被迫支付的代价。这笔昂贵的代价已支付了而且还得继续支付，但问题是：

第一，是否实现了"经济稳定化"目标呢？没有实现，也不可能实现。因为周期性经济危机总是反映了生产与消费、供给与需求之间的严重冲突。正如马克思所说，"一切真正的危机的最根本原因，总不外乎群众的贫困和他们的有限的消费，资本主义生产却不顾这种情况而力图发展生产力"①。而这个"危机的最根本原因"又深深地植根于资本主义基本矛盾——社会化生产与私人占有的矛盾——之中。不触及资本主义基本矛盾，不消除经济危机的这个社会经济根源，只靠人为地扩张需求的办法去调节供求之间的严重冲突，自然不可能消除周期性经济危机，实现什么经济稳定化。事实上，战后西方

---

① 马克思：《资本论》，《马克思恩格斯全集》第25卷，第548页。

国家的经济增长也常为经济危机所打断，表现出周期性的特点。例如美国，它在从1948年到1982年的33年间，竟经历了八次经济危机。战后经济发展的历史表明，尽管政府几十年来为扩张"总需求"而耗费了千万亿美元，也无法实现所谓经济稳定化目标。

然而，人为地扩张总需求，虽不可能根本消除周期性危机，却能在一定程度上影响供求之间的严重冲突。这种影响主要表现为：一方面，它可通过扩大公共开支等手段在短时间内使总需求迅速扩张，缓和总需求与过剩生产能力之间的矛盾，因而战后以来并未爆发过30年代那样严重的经济危机；另一方面，它只是暂时地把生产与消费之间的严重冲突抑制下去了，并未消除这个冲突及其根源，经济危机本身所蕴蓄的"能量"未充分释放出来，而被抑制和累积下来了，因而经过短暂时期之后，矛盾又重新激化并迸发为另一次经济危机。结果，经济危机周期缩短（如美国在1948—1982年的33年间平均每4年一次危机），经济危机变形。不仅如此，随着经济危机的每次来临，扩张性措施对总需求的刺激作用趋于减退，新的危机又要求更强烈的刺激，结果，总需求越来越过度膨胀，而它对国民经济的刺激作用日趋消退，终于酿成"滞胀"。可见，人为地扩张总需求，可以取得缓和经济危机的短期效果，但其长期后果却是严重的。

第二，是否实现了"政治安定化"呢？从瑞典1976年以前特别是70年代以前的几十年情况看，福利国家制度的推行使瑞典长时间内维持了比较高的就业水平；所谓高工资、高福利、高消费使广大劳动群众所获得的工资水平和福利水平均有提高，收入分配关系有所改善。据统计，在1951—1969年间，瑞典最高收入居民户在国民收入分配中所占的比例，表现出下降的趋势（见表6—1）。

表6-1 1951—1969年瑞典最高收入居民户
在国民收入分配中的比例(%)

年份	占人口10%的最高收入居民户	占人口1%的最高收入居民户	年份	占人口10%的最高收入居民户	占人口1%的最高收入居民户
1951	34.2	8.5	1961	33.0	7.4
1952	33.3	7.9	1962	32.7	7.3
1953	33.5	8.0	1963	32.6	7.2
1954	33.0	7.9	1964	32.2	7.1
1955	32.8	7.8	1965	31.9	7.1
1956	32.9	7.6	1966	31.7	6.9
1957	33.0	7.8	1967	32.1	7.1
1958	33.0	7.9	1968	32.1	7.1
1959	33.5	8.1	1969	31.4	6.9
1960	33.3	7.5			

资料来源:施尼塞:《收入的分配》,1974年纽约版,第79页。

如通过全社会生产要素的报酬分配情况来看,也可看到类似趋向(见表6-2)。诚然,我们不能过于信赖和依靠西方国家的统计,但总的说来,我们可以看到这一事实:福利国家制度的推行,虽然不可能消除现代资本主义制度下资产阶级和劳动群众之间的阶级矛盾与冲突,却在一定程度上使它们有所缓和,在一段时期内出现了相对安定的政治局面;而这种政治上相对安定的局面,也为瑞典战后时期的经济增长创造了条件。这种情况,也不同程度地在一些主要资本主义国家发生。例如美国,早在50年代后期,就曾有以哈佛大学教授库兹涅茨为代表的一些人,宣扬美国正在发生一场所谓"收入革命":占人口10%的最富有者在收入分配中的份额趋于缩减。从那以后,类似论调也时有所闻。不过,这个论调,在国内外一直引起广泛的争议,特别是它的统计方法遭到严厉的批评。我们把这种论调撇在一边,也可看到另一种情况:在战后几十年间,美国大多数人民的物质生活条件,就其绝对水平讲,也的确有了较大改善;广大劳动群众与垄断资本集团之间的阶级矛盾与冲突,时紧时弛,但总的说来,依然保持在经济斗争的范围内,停留在资产阶级国家可以支配的政治轨道上。

表6-2 瑞典各"生产要素报酬"在 GNP 中的比重(%)

	1965	1975
工薪收入(包括社会保险)	54	64
利　　润	30	13
折　　旧	10	11
间接税(扣除补贴)	6	12

资料来源:托尔贝:《瑞典的社会福利与经济增长》(1980年研究报告),第8页。

总之,现代资产阶级国家通过推行包括"充分就业"在内的福利国家政策,在一段时期内(例如在20世纪50至60年代里),在"缓和"周期性经济危机和阶级矛盾等方面,似乎取得了某些"效果";但究其实,福利国家政策的实施,并没有也不可能消除现代资本主义的基本矛盾和阶级矛盾,这些矛盾只是被暂时地遏制、推移、累积下来了,矛盾更为深化了。它们以另一种破坏性形式发展着:不仅使周期性经济危机变形,经济周期缩短,而且还使社会受累于庞大的公共开支、巨额财政赤字、高通货膨胀率、高税收、低效率等等。在瑞典,这种与福利国家政策相联系的破坏性后果表现得最为突出、严重,被国内外人士称为"瑞典病";瑞典经济学家惊呼这个病症标志着福利国家的危机。在英国,战后三十多年来已建立起一个十分庞大的福利事业体系,福利的增长速度超过了生产率的增长速度,已造成社会福利、社会消费过度膨胀或"超负荷"的病态。正如罗志如、厉以宁同志在《20世纪的英国经济——"英国病"研究》一书中所说,"福利国家原是企图以此缓和国内阶级斗争,有利于维持国内经济稳定的,但福利支出的增加却引起了财政赤字剧增、企业的低效率等等,结果,英国在福利问题上陷入了骑虎难下的境地。福利国家不仅变成了压在英国经济之上的一个沉重的包袱,而且是使人们对国家经济前景失去信心的一种销蚀剂"①。福利过度膨胀,成了导致"英国病"的重要原因之一。

在美国,福利国家政策推行的形式与规模,虽与瑞典、英国有所不同,但类似的病症在70年代后期也明显地表露出来:除了表现为公共开支(特别是转移性支付)膨胀、高赤字、高通货膨胀外,还突出地表现为储蓄率、投资率、生产率增长率的下降。据统计,美国年平均储蓄率由1946—1955年的8.3%降到1956—1965年的7%、1965—1975年的6.5%;投资率在60年代和70年代平均每年约占到GNP的15%,但其中9%是用于更新已消耗掉的固定资产,只有6%用于新投资,而新投资中约有一半用于住宅投资,生产投资实际上只有3%。结果,生产率增长率从1947—1967年的每年3.2%降到1967—1973年的1.5%以及1973—1979年的不足1%。不仅如此,里根总统前经济顾问委员会主席费尔德斯坦还指出,政府在医疗服务、失业救济等方面庞大而慷慨的支出,反而鼓励了人们对医药和治疗的浪费,滋长了"怠工"、"弃职"和低效率等现象。换言之,也形成了吃"大锅饭"的局面。不少美国经济学家,特别是供给学派经济学家,把这一切归咎于政府长期推行凯恩斯主义政策,指责政府把巨

---

① 罗志如、厉以宁著:《20世纪的英国经济——"英国病"的研究》,人民出版社1982年版,第3页。

额社会财富人为地过度耗费在扩张"需求"（或消费）方面，从而损害了"供给"（或生产）方面，酿成既"膨胀"又"停滞"的局面。他们把这称为凯恩斯主义的危机，要求改弦更张，把政策的重心从"需求"方面移到"供给"方面。于是，所谓供给学派应运而生，它的理论便立即被里根政府捧上了基本国策指导思想的"宝座"。

我们无法对西方各国做逐一考察，但仅从上述对瑞典、英国、美国等国推行社会福利制度所造成的严重后果看，我们可以至少得出以下三个结论：

1. 20世纪70年代末和80年代初，无论是瑞典的福利国家危机，还是美国的凯恩斯主义危机，无论是"瑞典病"，还是"英国病"，其病症是同类性质的。随着福利国家制度的推行，公共开支过度膨胀，损耗了国民经济的"元气"，造成一方面"滞"（储蓄率、投资率、生产率增长率、竞争能力下降），而另一方面又"胀"（公共开支、赤字、总需求、消费、公私债务等）。一言以蔽之，这个病灶就在于：过于庞大和不断膨胀的福利国家开支，已超过了现代资本主义经济的负担能力。现代西方经济中的"滞"和"胀"现象，都与国民经济中的这种"超负荷"局面有着密切的关系。这一点，西方许多经济学家和政治家也是直认不讳。顺便提一下，这类情况在一定程度上也在联邦德国发生过。联邦德国政府新闻局1984年4月22日公布的科尔总理的一次谈话，对于"用扩大政府开支和扩大社会福利开支"来刺激经济增长的路线，提出了尖锐的批评。他强调说："国家的开支计划在这方面显然不是个合适的手段。因为这种计划不切实际地认为，通过人为地制造额外的国家需求便可以消除我们的主要是结构所造成的失业，70年代大量的振兴计划的失败明确地证明是不行的。我们今天需要的不是按旧模式制订新计划，而是要增加生产性投资。"

从这里，我们倒可得到一点启示。过去，我们长期在"左"的路线影响下，总是一味否定现代西方国家的高工资、高福利、高消费，似乎稍一提及就有"丧失立场"的危险。这当然是一种幼稚的、片面的观点。现在，在对外开放政策的指导下，科学文化的交流大大开阔了我们的视野，对国外的了解和研究也有了相当的进步。但在这主流之外，有极少数人又陷于另一种片面性：只看到了西方国家的高工资、高福利、高消费的一面，却忽视了这"三高"后面的虚弱基础和深刻矛盾，没看到"超负荷"的局面，因而也忽略了这"三高"的"病态性"。这两种片面的观点，都应力图避免和克服。

尤需提及的一点是，近几年来我国学术界某些同志，从西方的经济实践中只看到高消费对经济增长的短期刺激效果，却忽视了它对经济增长造成的长期危害，甚至主张引进西方"消费主义"思想作为我国社会主义经济发展战略的指导性方针之一。他们不了解，凯恩斯主义所鼓吹的消费主义，乃是现代资本主义生产过剩经济条件下的产物，而我国的国情却不同。我国一方面是社会主义经济，社会生产必须以满足人们不断增长的需要为目的，另一方面又是发展中的经济，基本上是一个"短缺经济"。因此，既要反对那种根本抹杀人民消费，鼓吹"苦行主义"的"左"的观点，又必须注意为发展经济积累必要的资金，要妥善安排积累和消费的比例。在我国推行消费主义，势必导致我国短缺经济更加"短缺"，物资供应全面紧张，抢购之风和涨价之风难以避免，通货膨胀趋于严重。西方的生产过剩经济今天尚且吃到消费主义的苦头，出现了"超负荷"的病症；而对于一个短缺经济来说，这个"苦头"可能来得更快、更烈。

2. 西方国家这种经济上超负荷局面的出现，并不是由于政府在经济政策方针方面的一时"失误"造成的，而是现代资本主义基本矛盾的产物。瑞典以及美、英等许多国家的历史表明：无论是福利设施，抑或充分就业计划，都不是垄断统治阶级及其国家的"恩赐"，而是在现代资本主义基本矛盾进一步发展的条件下，他们为了"防止"再次爆发像30年代那么惨重的经济危机以免导致经济制度崩溃，为了"缓解"国内的阶级矛盾和斗争以维护其国内政治的安定，而不得不采取的措施。这不取决于哪家企业、哪个垄断资本集团或哪个国家政府的意愿，不是他们可以招之即来、挥之即去的东西。他们是在经济的和政治的切身利害关系的驱使下，不得不这么做的。所以，我宁愿把现代西方国家所实施的各种福利设施以及所谓高工资、高福利、高消费，看作是他们为了维护现代资本主义的统治（经济的和政治的）而不得不支付的一笔"代价"；尽管这笔代价越来越大，也不得不去支付，结果造成经济超负荷的局面。所谓"英国病"、"瑞典病"、美国的"滞胀"，盖出于此。可见，这种经济超负荷现象的根源，还在于现代资本主义基本矛盾的本身。这种经济超负荷的"病症"便成了资本主义基本矛盾在现代条件下的重要表现之一。

过去，我们在研究现代资本主义基本矛盾时，总认为只有周期性危机、生产的无政府状态、贫困化之类的东西，才能被视为资本主义基本矛盾的表现形式；至于高工资、高福利、高消费则被认为与资本主义基本矛盾根本不相容，要么是"欺骗"，要么是腐蚀劳动者的"鸦片"。这自然是过去在"左"的路线下形成的错误观点，形"左"而实右。它对西方国家的工人群众争取提高工资、福利待遇的斗争采取了否定的态度，势必把西方国家的工人运动推到一个脱离工人群众的死胡同里去。然而，根据我们前面的分析，所谓高工资、高福利、高消费作为一种代价，固然一方面反映出垄断统治集团想用它作为换取"经济稳定"和"政治稳定"的"筹码"的企图，但另一方面又确实是劳动群众长期斗争的果实，给劳动群众的物质生活状况带来了一定的改善。不过，劳动群众物质状况的这种改善，不是与资本主义基本矛盾不相干或不相容，相反，是在现代资本主义基本矛盾和阶级矛盾发展到一定阶段的产物。我们知道,西方经济学谈了几十年的所谓"工资刚性",现在又有人谈"福利刚性",无非想用这两个"概念"表述工资、福利待遇只可上涨而难降低的"特性"。在当代资本主义社会工人阶级高度组织化并且日益成为巨大政治力量的形势下,西方国家无论哪个政府都不敢贸然削减工资和福利水平,以免冒竞选失败或经济衰退的风险,更担心可能把劳动群众推向社会主义方面,酿成更大的政治的和经济的风暴。美国里根总统初次当选时,曾扬言要大砍政府开支,特别是削减社会福利开支,可是在经济危机和社会舆论的压力下,失业救济金支出反而急剧增加了。瑞典资产阶级政党于1976年上台后不仅未能削减公共开支,反而在政治、经济的压力下进一步扩大了社会福利开支,加剧了福利国家的危机。总之,对于当前许多西方国家来说,可悲之处在于:现代资本主义基本矛盾和阶级矛盾已深化到这种程度,以致一些国家为"缓和"这些矛盾而必须支付的代价已增大到它们的经济力量难以支付的地步;而且明知已出现经济超负荷局面,还不得不继续支付,支付的规模还趋于扩大。明知是杯苦酒,还不得不饮用。这种"强制性",乃产生于现代资本主义经济的客观过程,是现代资本主义基本矛盾和阶级矛盾发展的产物。所以,我们可以把这种经济超负荷局面的出现,看作是现代资本主义基本矛盾的一个重要表现形式,是在国家垄断资本主义发展到一定阶段才出现的新的表现形式。我们过去仅只从周期性经济危机、生产的无政府状态等现象来揭示资本主义的基本矛盾,而对于当今条件下出现的这种新的表现形式却缺乏认识,今后亟待加强这方面的研究。

3. 所谓福利国家制度,既然是国家垄断资本主义发展的一种形式,那么福利国家的危机,自然也标志着国家垄断资本主义的危机。这表明资本主义经济危机的发展进入了一个新的阶段。如果说,20

世纪三四十年代以前的历次经济危机,标志着现代资本主义基本矛盾已发展到求助于国家调节的地步,反映着垄断资本主义向国家垄断资本主义过渡的迫切要求;那么,70年代后期和80年代初期许多西方国家出现种种经济困境,从瑞典、英国的福利国家危机,到美国的"滞胀"(或凯恩斯主义危机),却深刻而又突出地反映出国家垄断资本主义本身的危机。许多西方经济学家把这类危机,归因于过多地运用国家调节手段,特别是着重依靠财政手段(如税收、预算支出等)将过多的收入从私人部门转到政府手中,从生产方面转到消费方面。国家调节,过去一向被奉为"救治"现代资本主义的"仙丹",现在走向了反面,倒成了导致现代资本主义新病症的因素。这就好像服用过量"激素"药品,既不能治好病却又增添新的病痛。正是在这种背景下,西方许多国家出现了"非国家调节"、企业"非国有化"之类的倾向。与此相适应,在西方经济理论界和政策思想上出现了保守主义思想回潮:这在美国表现为"供给学派"经济理论和里根"经济复兴计划",在英国表现为撒切尔政府的货币主义的经济政策,在瑞典表现为对福利国家道路的重新认识。这种保守主义回潮的基本内容无非是:经济政策的重心从需求方面转向供给方面,从侧重财政刺激转向注重控制货币供给,从注重宏观管理转向研究宏观经济的微观基础和微观效果;在平等与效率问题上,从强调均等化转向强调效率;在失业与通货膨胀问题上,从把失业作为首要政策目标转向把遏制通货膨胀作为首要目标,等等。贯穿于这些转变中的一条主线,就是从强调国家调节转向少国家调节或非国家调节。传统的自由经营思想又逐渐抬头。在70年代末和80年代初,保守主义思潮的回潮,已成为一种国际现象。而这正是世界性的"福利国家"危机在经济理论和政策思想上的重要反映,是国家垄断资本主义的危机在经济理论和政策思想上的重要反映。

＊　　　＊　　　＊

既然福利国家危机标志着国家垄断资本主义的危机,那么现代资本主义的前景如何呢？这里,仅谈几点初步看法。

1. 尽管福利国家危机标志着国家垄断资本主义的危机,但并不意味着国家垄断资本主义即将崩溃。因为后者还有一定的"生命力"。这主要表现在:(1)西方国家所拥有的财政、货币、对外贸易与金融等经济手段和经济机制,在调节经济活动方面仍起一定的作用。(2)在许多西方国家存在着更新技术设备、调整经济结构的迫切要求,特别是在当今新科技革命的形势下,更换旧设备、采用新技术、建立新部门等等将形成千百亿的投资需求。近十年来西方经济的停滞,又使许多西方国家积累了巨额的消费需求。与此同时,西方世界存在着巨额的过剩资本,巨额"欧洲美元"的游资已成为国际金融市场上一支不可忽视的力量。这些因素可能会在今后一个时期内给西方经济带来强有力的刺激。(3)西方国家之间在贸易、金融、财政援助、信息等方面有着十分紧密的联系和灵便的机制,它们可运用这些手段相互支持。例如近几年来,外资大量流入美国,促进了美国经济自 1983 年秋以来的复苏；同时美元汇率的上升,又促进了西方国家对美国的出口贸易。主要由于上述原因,我认为现代西方资本主义经济虽有严重困难,今后也还会不断遇到严重困难(如世界性经济危机等),但它在一个相当长的时期内还是有一定"活力"的。就拿瑞典来说,1982 年以后,由于克朗贬值和出口增加,工资与福利的增长率有所控制,以及世界石油价格下跌和世界市场相对活跃,瑞典的国民生产总值 1984 年增长了 3.5%,其中工业生产增长了 7.5%,为 1969 年以来最高的一年,失业有较大的缓和。尽管 1984 年总的经济形势大有缓和,但财政赤字仍达 770 多亿克朗,通货膨胀率为 7.5%,国际收支有巨大赤字,仅外债付息 1984 年就达 200 亿克朗之多。特别是自 1984 年年底以来,瑞典在国内面临通货膨胀的巨大压力,在国外又面临贸易保护主义的威胁,经济增长速度下降了。据有的瑞典经济学家(如休伯特、弗罗里特等)估计,1985 年瑞典经济增长速度将降为 1.5%,1986 年将进一步降为 1%;还有人(如泰琳女士等)竟预计 1986 年经济增长将为零或 0.5%。① 这些估计可能有些悲观。总之,尽管现代资本主义基本矛盾已发展到国家调节本身出现危机,但并不排斥今后经济的发展中仍然有升有降,只是这个基本矛盾在这种波动中继续深化,而国民经济也会在周期性波动中有所增长。我们知道,第一次资本主义经济危机爆发于 1825 年,直到 20 世纪 30 年代才突出地在世界范围内表明了求助于国家调节、向国家垄断资本主义过渡的紧迫要求,其间经历了近百年的时间。70 年代末和 80 年代初的福利国家危机(以及"滞胀")还只是初次在世界范围内突出地反映了国家调节本身的危机。

2. 尽管福利国家危机标志着国家调节的危机,尽管目前在经济思潮方面出现了保守主义的回潮,但也绝不意味着现代西方经济可以摒弃国家调节和国家垄断资本主义道路。就瑞典来说,多数瑞典经济学家,例如林德贝克、斯托尔等人,只是认为社会福利搞得过头了,应坚决收缩一下,根本不否定福利国家制度或所谓"混合经济",仍然坚持私人资本主义生产和国家对收入分配和宏观活动的调节相结合的这条基本路线,这也是从魏克赛尔以来瑞典学派的一个基本传统。至于美国里根政府和一些供给学派经济学家,虽然标榜自由经营和责难国家调节,但他们只是主张把国家调节减少到"最低限度",并非完全加以摒弃;只是主张摒弃那些不利于垄断企业的"政府干预"(如福利设施、最低工资法、环境保护规则等),却热衷于那些有

---

① 参阅卡查:"瑞典正面对抉择",刊《先驱论坛报》1985 年 10 月 10 日,第 9 页。

利于垄断企业的"干预"(如加速折旧、投资"退税"等)。其实,只要资本主义基本矛盾还存在,只要周期性的世界经济危机爆发的危险性还存在,西方国家的经济就离不开国家调节。现代资本主义已被历史的进程推进到国家垄断资本主义的阶段,不可能再倒退到以前的所谓自由经营的历史阶段去。

总之,对于当前西方资本主义经济来说,处境颇为困难:一方面,国家垄断资本主义的历史阶段不可逆转,国家调节这根支柱须臾不可缺少;另一方面,"福利国家"危机以及"滞胀"等,又充分反映出战后几十年来国家调节总需求和收入分配(最终也是需求)的实践出现了危机。那么,今后往何处去?这是许多西方国家面临的一个重要课题。当前这种左右为难的局面,预示着西方经济理论和政策将朝着一个"综合的"趋向发展。这就是:它既不能像过去那样把经济政策和理论研究的重心放在总需求方面,全然依靠国家调节来实行宏观经济的需求管理;也不能完全摒弃国家对总需求的管理,而把周期性危机、失业问题置于不顾;还不能只追求对总需求进行宏观管理的短期效果,而不顾及宏观管理对微观经济产生长期的消极影响。事实上,这种"综合"的趋向已露出苗头。目前,已有一些西方经济学家积极主张用微观的财政政策和货币政策去"补充"宏观经济管理的不足,即用微观的财政政策去调整税率结构和公共开支结构,用微观的货币政策去调整利息率结构和信贷结构,以便更有效地调节商品、资本、货币的供求与流通,缓和因供求失调而引起的经济波动。与此同时,有些经济学家在坚持需求分析的同时也加强了对供给方面的研究,设计了一些资源供给模式;有些人在坚持总量分析的同时,越来越注重研究"福利国家"制度下的微观经济问题(如"效率"、"负激励"问题)。经济理论和政策上的这一供给分析与需求分析相"综合"、宏观分析与微观分析相"结合"的趋向正在逐步发展,它很可能是今后一个时期越来越重要的趋向。尽管这种"综合"不可能消除现代资本主义的基本矛盾和阶级矛盾,但它对于国家垄断资本主义发展的规模与形式无疑会有重大影响。密切地注意和不断地研究经济理论和经济实践中的这个综合趋向,对于我们了解国家垄断资本主义的演变和前景,无疑是十分重要的。

最后还须指出,"福利国家"的危机作为国家垄断资本主义危机的表现,自然表明了资本主义基本矛盾的进一步尖锐化,进一步反映了社会化的生产关于实现生产关系社会化变革的迫切要求。这种生产关系社会化的变革要求,在瑞典要比在其他西方国家表现得更为鲜明和强烈,并且在一定程度上反映到工人组织和工人政党的行动纲领上。其所以会在瑞典比较突出地反映出来,一方面是因为瑞典是西方所谓福利国家的"橱窗","福利国家"制度的推行所带来的各种矛盾和问题也都比其他国家更加尖锐;另一方面也由于瑞典总工会和社会民主党的组织力量和政治影响,都比其他国家更大些,因而有可能以某种方式去反映生产关系社会化的要求,提出要通过推行职工投资基金计划,把私人垄断资本企业变为工人群众直接占有和管理的企业。关于所谓职工投资基金计划,我们在前面已做过介绍,在此无须赘述。但我想强调指出的一点是,我们不必匆忙做出结论,断言这种建立在职工投资基金计划基础上的企业将是由劳动人民直接占有的"社会主义"企业。这种"企业"也可能真的如同林德贝克所说,会沦为少数工会官僚占有的企业。然而,瑞典总工会和社会民主党提出这个计划作为竞选和施政纲领之一,总是表明:在"福利国家"危机的形势下,现代资本主义基本矛盾在瑞典已发展到这种地步,以致他们已多少意识到并且企图反映实现生产关系社会化的变革要求,姑且不论他们这个方案是否正确地反映了从社会化生产中所产生出来的这个变革要求。目前,这个计划已被社会民主党政府宣布开始付诸实施,并且遭到了企业主的强烈反对。很有意义的是,一旦这个计划在个别企业或部门获得某种"成功",那么,这种企业究竟是一种什么性质的企业?它究竟是一个新社会的起点,抑或仍不过是旧事物的变种呢?它会给国家垄断资本主义带来什么样的变化?它能否充当从资本主义过渡到社会主义的"桥梁"?所有这些问题,无疑都是值得我们今后认真加以研究和进行探讨的重要课题。

后　　记

瑞典,是远处北欧的一个国家,我国很少有人对它进行过专门研究,对它感到陌生。然而,瑞典又是一个有着悠久文化的、经济发达的国家,它的人均收入处于西方世界的前列,并以所谓"福利国家"的"橱窗"闻名于世。在经济理论方面,瑞典又是"瑞典学派"的故乡。这个学派自20世纪二三十年代以来屹立于西方经济学派之林,在世界经济学说发展史上有它独特的地位。所以,这样一个国家,我们既闻名而又不熟悉,自然很想去实地考察一下,百闻不如一见嘛!

1982年9月,我很高兴地在中国社会科学院和瑞典有关方面的学术交流协议的安排下,去瑞典做六周的学术访问,先在世界著名的隆德大学经济系做三周的学术访问,后到斯德哥尔摩大学国际经济研究所做三周的学术访问。我除了应邀在这两个单位介绍我国的经济建设和经济理论外,大部分时间都用于考察瑞典福利国家制度的实施以及瑞典经济学的现状。由于是单身作学术考察,主人又提供方便,故能有较多机会了解实际社会生活。为了了解医疗保险和保健制度,我曾去医院亲身体验了一下从挂号到住院的全过程;为了了解老年保障问题,我也曾多次访问养老院,与老人们交谈。许多活的材料,是很难从报刊或书本上得到的。这一切,非常有助于加深我对所谓"福利国家"制度的认识。

社会保障问题是当前我国经济体制改革中必须提出、研究和着手解决的一个重要问题。尽管社会制度不同,但瑞典在这方面的经验、教训和问题,有许多值得我们借鉴。我们应该参考国外的各种经验,认真探讨如何建立一个适合我国国情的社会保障制度。

在瑞典,我受到了许多学者的热情接待与帮助。特别是隆德大学经济系的伊格玛·斯托尔(Igma Stahl)、拉斯·爵南(Las Jonung)、本·托尔贝(B. Thalbarg)等教授,斯德哥尔摩大学的阿萨·林德贝克(Assa Lindbeck)、汉斯·梭德斯特姆(Hans T. Soderstrom)等教授和马丁·拉斯兹基(Martin Radeszki)等人,经常同我交谈,使我获益不浅。他们不仅替我多方联系,而且给我提供了不少资料,甚至包括他们尚未发表的研究报告和论著。这一切,都令我深受感动。林德贝克教授、梭德斯特姆教授、拉斯兹基先生以及爵南教授等分别于 1983 年和 1984 年应中国社会科学院之邀请访问过我国,我们曾有多次接触。我还曾陪同林德贝克、梭德斯特姆去我国各地访问。此后,我们一直保持着友谊的联系,他们也常给我寄来新的材料。我的这本书能够写成,是和瑞典朋友们的这些帮助分不开的。我在此向他们表示深切的谢忱。

我要向诺贝尔经济学奖获得者米尔达尔(G. Myrdal)教授以及伦德堡(E. Lundberg)教授表示谢忱。他们都是世界知名的老一辈经济学家,七八十岁高龄的学者。他们都给我以热情的接待。特别是米尔达尔教授,在他的夫人获得 1982 年诺贝尔和平奖之后几天,邀请我到他们家作客,度过了一个极有意思的夜晚。米尔达尔夫妇以及其他瑞典朋友之所以这般热情接待,无非是因为我来自屹立在东方地平线上的社会主义中国。他们把对中国人民的友好情感,倾注到我身上。我为他们的深情所感动,也为自己的社会主义祖国而感到自豪。

我还要向瑞典驻华使馆科技参赞谢尔斯特朗德先生表示感谢。他在 1985 年返国度假后回到北京,赠给我一批瑞典最新的出版物,对我帮助很大。

尽管瑞典朋友给了不少帮助,但我毕竟在瑞典考察的时间不长,研究不够,水平也有限,故本书在很多方面一定存在不少缺点和错误,希望读者批评指正。本书只是我研究瑞典经济和瑞典经济学的开端,这项研究工作还将继续下去。祝愿中瑞两国人民之间的友谊及学术交流日益发展。

最后还必须提及的是,陶大镛先生在酷暑季节,不惜牺牲假日,从头至尾细心阅读了全部书稿,并热情为之写序。在此我谨致谢意。

1985年5月于北京